AF250115

Annales du Musée Guimet

BIBLIOTHÈQUE DE VULGARISATION
TOME 39

René DUSSAUD
Les crimes d'Athalie (histoire et légende)
R. CAGNAT
Visite à quelques Villes africaines récemment fouillées
René PICHON
Le rôle religieux des femmes dans l'ancienne Rome
J. TOUTAIN
Les Cavernes sacrées dans l'antiquité grecque
D. MENANT
Pèlerinage aux Temples jainas du Girnar
A. MORET
Sanctuaires de l'ancien Empire égyptien

Conférences faites au Musée Guimet en 1912

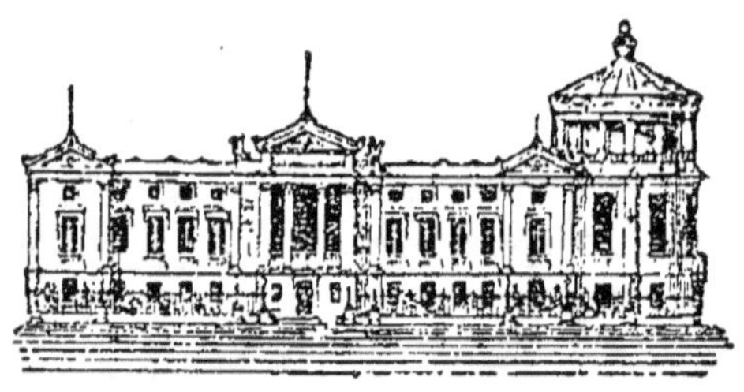

PARIS

HACHETTE ET Cie, ÉDITEURS

79, BOULEVARD SAINT-GERMAIN

ANNALES DU MUSÉE GUIMET

BIBLIOTHÈQUE DE VULGARISATION
TOME XXXIX

CONFÉRENCES
AU MUSÉE GUIMET

CHALON-SUR-SAONE, IMPRIMERIE E. BERTRAND 772

Annales du Musée Guimet

BIBLIOTHÈQUE DE VULGARISATION
TOME 39

René DUSSAUD
Les crimes d'Athalie (histoire et légende)
R. CAGNAT
Visite à quelques Villes africaines récemment fouillées
René PICHON
Le rôle religieux des femmes dans l'ancienne Rome
J. TOUTAIN
Les Cavernes sacrées dans l'antiquité grecque
D. MENANT
Pèlerinage aux Temples jainas du Girnar
A. MORET
Sanctuaires de l'ancien Empire égyptien

Conférences faites au Musée Guimet en 1912

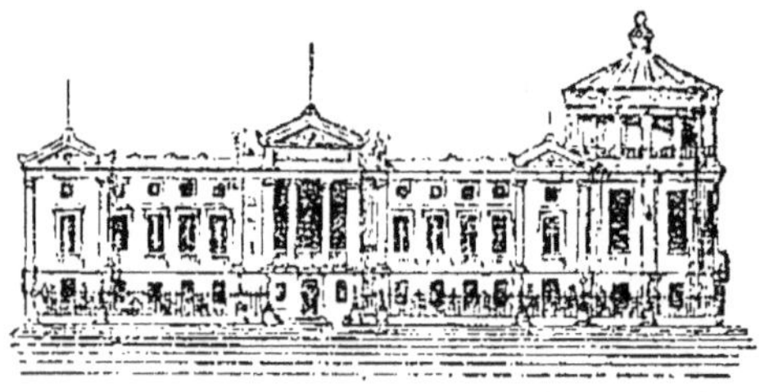

PARIS
HACHETTE ET Cie, ÉDITEURS
79, BOULEVARD SAINT-GERMAIN

LES CRIMES D'ATHALIE

HISTOIRE ET LÉGENDE

PAR

René DUSSAUD

Ce n'est pas sans inquiétude que j'assume la tâche de vous parler d'Athalie. Il n'est pas de figure dont les traits vous soient plus familiers, les lignes plus nettement arrêtées dans votre esprit. En vous signalant quelques lacunes de notre documentation, en rectifiant certaines données que le temps a consacrées, ne vais-je pas heurter chez vous une conviction très ferme et ne vais-je pas paraître porter une main sacrilège sur un chef-d'œuvre de notre littérature ?

Je serai très mortifié aussi de paraître céder à ce courant d'indulgence qui incline nos contemporains à une appréciation extrêmement flatteuse de la conduite de certaines femmes célèbres de l'Antiquité et leur prête des défaites ingénieuses. J'ai enseigné, il y a plusieurs années déjà, l'essentiel des arguments que je vais développer devant vous.

Nous serons certainement d'accord pour reconnaître au poète, à l'artiste, toute liberté de choisir dans l'histoire ou la légende le point de départ de ses développements sans nul souci que la beauté dramatique, le charme ou la puissance des attitudes. Mais ici nous devons parler histoire, et plus spécialement histoire des religions. Ce n'est point trop d'user de toutes les ressources des méthodes critiques pour distinguer le réel du fictif.

Les récits des époques reculées, qui sont parvenus jusqu'à nous, sont de valeur très inégale. En dehors des annalistes qui enregistrent machinalement et brièvement les événements historiques avec le nombre des années royales, les Anciens, avant l'époque classique, n'avaient aucune conception de ce que nous appelons l'histoire et dont, d'ailleurs, les règles ne sont devenues très strictes qu'au cours du XIXe siècle. Les très anciens récits historiques — antérieurs, je le répète, aux historiens grecs

— visent tous l'exaltation des hauts-faits d'un roi ou d'un dieu. Dans ce dernier cas, nous nous trouvons en présence d'un véritable enseignement religieux et l'on conçoit que, pour établir une vérité morale dont la portée dépasse son sujet, l'auteur ne prête qu'une attention distraite à la réalité des faits.

C'est ce qui impose aujourd'hui la revision minutieuse des textes, la comparaison avec tous les documents contemporains accessibles, les rectifications de toute sorte fondées sur une enquête très large et sur des raisonnements logiques.

L'effort prodigieux qu'a inauguré le XIXᵉ siècle, avec les fouilles systématiques qui ramènent au jour les témoins originaux des anciennes civilisations, donne à cette recherche une impulsion puissante et continue.

Si nous voulons étudier un épisode de l'histoire juive comme celui d'Athalie, nous nous demanderons tout d'abord quelle est la valeur documentaire des chapitres du livre des Rois et du livre des Chroniques qui le mentionnent.

Le livre des Chroniques, de rédaction très tardive, résumé tendancieux du livre des Rois, n'a qu'une très faible autorité. Pour s'y appuyer trop souvent, beaucoup d'historiens, non seulement avancent des faits erronés, mais, ce qui est plus grave, prêtent aux peuples d'Israël et de Juda une physionomie qui ne fut pas la leur. Le livre des Rois n'est nullement un document officiel au même titre que les Annales des rois d'Assyrie. Il a existé des Annales des rois d'Israël et des Annales des rois de Juda, malheureusement elles ne sont pas parvenues jusqu'à nous. Le rédacteur[1] du livre des Rois les a utilisées, il en cite des passages ; mais, le plus souvent, pour trouver l'occasion d'y insérer une légende ou un conte à valeur morale. Quand il retrace les exploits d'Elie ou d'Elisée, il en oublie jusqu'au cadre historique. Une de ses constantes préoccupations est de juger chaque règne du point de vue religieux. Il attribue une note exécrable aux rois qui ont toléré les cultes étrangers, un blâme formel à ceux des rois d'Israël qui, fervents de Yahwé, l'ont adoré sous les traits d'un jeune taureau. Le prix d'excellence est réservé à ceux des rois de Juda qui ont contribué à la fortune et

---

1. Pour simplifier, nous laissons de côté la question des rédactions successives.

à la suprématie du temple de Jérusalem. Nous voyons par là que le rédacteur écrivait à une époque où la centralisation du culte à Jérusalem était en train de s'accomplir, c'est-à-dire peu avant ou peu après l'exil. Son œuvre a certainement contribué au résultat cherché.

Il faut lui rendre ce témoignage qu'il ne dissimule aucunement l'intention dans laquelle il travaille. Il est le premier à signaler les lacunes de son récit; il a une formule spéciale pour renvoyer aux sources officielles : « Le reste des actions de tel ou tel roi et tout ce qu'il a fait, est écrit dans les Annales des rois de Juda » ou « dans les Annales des rois d'Israël ».

L'indication de ces sources est déjà un bon garant pour les renseignements qu'il en tire. Mais les découvertes modernes ont apporté un contingent précieux de confirmations, de compléments ou de rectifications sous la forme d'Annales des rois d'Assyrie, de textes égyptiens ou d'inscriptions et papyrus écrits dans l'alphabet sémitique.

En ce qui concerne les personnages qui vont nous occuper, la stèle de Mésa permet d'asseoir un jugement critique sur la docu-

mentation du livre des Rois[1], car Mésa, roi de
Moab, est le contemporain d'Athalie. Sur sa
stèle, il mentionne Omri, roi d'Israël, le grand-
père d'Athalie ; il parle également du fils
d'Omri, mais sans donner son nom. Nous savons par la Bible et par les inscriptions assy-
riennes que ce fils est Achab. Quand Mésa dit
qu'il s'est réjoui contre la maison d'Achab et
qu'Israël est ruiné à jamais, il est à présumer
qu'il vise ainsi la chute de la dynastie d'Omri et
le massacre de toute cette famille royale par
l'usurpateur Jéhu. Cet événement s'est accompli en 842 avant notre ère, donc la stèle de
Mésa a été érigée très peu après.

Cette stèle n'est pas seulement importante
par les renseignements historiques qui viennent
contrôler et compléter les sources bibliques ;
elle est d'un intérêt hors de pair par les
données qu'elle fournit sur les croyances com-
parées de Moab et d'Israël. Mésa parle de
Kamosch, le dieu de Moab, dans les termes
mêmes qu'emploierait un roi d'Israël ou de
Juda en parlant de Yahwé. C'est la même

1. On sait que la stèle de Mésa est entrée au Louvre par les
soins de M. Clermont-Ganneau à qui l'on doit également le dé-
chiffrement.

conception que le malheur qui s'abat sur le pays est dû à la colère divine. Si Israël a pendant quarante ans opprimé Moab, c'est que Kamosch était irrité contre Moab. Quand, au contraire, Mésa s'empare d'une ville sur les Israélites, c'est à Kamosch que revient la victoire et, en conséquence, on lui voue les habitants de la ville, on proclame le *hérém*, c'est-à-dire qu'on les massacre tous en son honneur. La stèle de Mésa nous fait connaître dans le pays de Moab, au IX⁰ siècle avant notre ère, une situation religieuse tout à fait semblable à celle d'Israël ou de Juda; il s'y manifeste un nationalisme farouche et une ardente concurrence entre les grands états syriens.

Bien qu'elle eût favorisé le morcellement du pays en un grand nombre de petites principautés, que les tablettes d'El-Amarna nous font connaître en détail au début du XIV⁰ siècle avant notre ère, la domination égyptienne s'était éteinte avec les derniers Ramsès. A ce moment commence pour les peuples syriens une période extrêmement brillante, période d'indépendance et d'expansion, qui correspond à la grande puissance maritime de Tyr fondant au loin de nombreuses colonies, à la constitution du royaume de David et de Salomon, à l'avènement du royaume de Damas. De leur côté les Edomites, les Ammonites, les Moabites se groupent sous des dynasties plus ou moins éphémères. Mais ce qui, dans l'ancien monde oriental, fait l'originalité de l'histoire syrienne, histoire religieuse aussi bien qu'histoire politique, c'est que jamais un de ces royaumes ne l'emportera sur les autres au point de placer toute la Syrie sous un seul dynaste et un seul dieu. Jusqu'à l'arrivée des Grecs, le pays ne connaîtra pas la fortune des grands empires. Il est vrai que la configuration du sol était un obstacle à la constitution d'un état puissant. D'autre part, les interventions de l'Égypte et de l'Assyrie entretenaient les divisions. Mais peut-être aussi ne s'est-il pas rencontré parmi ceux qui s'emparèrent du pouvoir, un génie à la fois militaire et organisateur.

L'âpre rivalité de ces peuples se répercute dans le culte, si étroitement lié alors au sort de l'État. Le principal dieu du pays devient le dieu personnel du roi et souvent il n'en connaît point d'autre. C'est le cas de Kamosch pour Mêsa et de Yahwé pour le roi de Juda. Un trait commun à ces deux divinités, qu'elles conservent probablement d'un état très ancien, c'est que nous ne leur connaissons pas de déesse parèdre. Dans le culte du royaume d'Israël, notamment à Samarie, Yahwé occupe toujours la première place, mais s'étant confondu avec le dieu-taureau Béthel, il reçoit pour parèdre la déesse Anath. Les populations depuis longtemps sédentaires et vouées à la vie agricole concevaient plus spécialement les divinités comme formant couple. Dans le royaume de Damas, dominaient le grand dieu syrien Hadad, dont le dieu Béthel n'était qu'une variante, et la déesse syrienne Atargatis, fort voisine de Anath. En Phénicie, la déesse paraît avoir pris la première place. Au XIVe siècle avant notre ère, Rib-Addi, le roi de Byblos, invoque la grande déesse de Byblos tout comme Yehawmelek qui régnait à l'époque perse. A Sidon, les rois étaient les grands prêtres d'Astarté. A Tyr, Astarté et Melqart occupent une place éminente.

Chacun de ces dieux avait ses prêtres, mais aussi ses devins, ses voyants ou prophètes. Au IXe siècle avant notre ère, ces derniers tiraient tout leur prestige de l'art du magicien et du derviche-tourneur; il a fallu le génie

1.

d'un Isaïe pour les tirer de l'ornière et les placer à un rang élevé dans l'évolution de la pensée humaine. Quand, à la suite d'exercices dont la recette n'est pas perdue, ils tombaient en extase, on disait que l'esprit du dieu les avait saisis et on croyait que la divinité parlait par leur bouche. C'est certainement ainsi que Mésa reçut les ordres de Kamosch dont il fait mention sur sa stèle : « Kamosch me dit : Va, prends Neboh sur Israël ! » Et plus loin : « Kamosch me dit : Descends et combats contre Horonân ! J'allai [et je combattis contre la ville, je la pris et] Kamosch y [demeura] de mon temps. »

Si nous voulons nous rendre compte, dans le détail, de la façon dont on interrogeait la divinité et des moyens que les voyants employaient pour frapper l'imagination, il nous faut relire la description si pittoresque, si vivante qu'en donne le livre des Rois à l'occasion de la campagne qu'Achab et Josaphat menèrent contre Benhadad, roi de Damas.

Il s'agit de reprendre Ramoth de Galaad sur les Araméens[1] : « Le roi d'Israël demanda

_____

1. I *Rois*, XXII, 4 et suiv.

à Josaphat : Viens-tu avec moi pour prendre
Ramoth de Galaad ? — Josaphat répondit :
J'irai où tu iras, mon peuple ira avec ton peuple, mes chevaux avec tes chevaux. Puis il
ajouta : Maintenant consulte l'oracle de Yahwé.
— Le roi d'Israël réunit les prophètes au nombre de quatre cents et il leur dit : Dois-je aller
pour prendre Ramoth de Galaad ou m'abstenir ? — Ils répondirent : Marche et Yahwé la li-
vrera entre les mains du roi. — Mais Josaphat
demanda : N'y a-t-il point encore ici un prophète de Yahwé par le moyen duquel nous puissions le consulter ? — Le roi d'Israël répondit
à Josaphat : Il y a encore quelqu'un par qui on
peut consulter Yahwé ; mais je le hais parce
qu'il ne me prophétise jamais du bien, mais
du mal. C'est Mikayahou, fils de Yimlah. — Josaphat dit : Que le roi ne parle pas ainsi ! —
Le roi d'Israël appela un eunuque et lui dit :
Fais venir Mikayahou, fils de Yimlah !
» Or, le roi d'Israël et Josaphat, roi de Juda,
étaient assis, chacun sur son trône, revêtus de
riches vêtements, devant la porte de Samarie,
et tous les prophètes prophétisaient devant
eux, quand Sidqiyah, fils de Kenaanah, qui
s'était fait des cornes de fer, s'écria : Ainsi a

parlé Yahwé : « Avec celles-ci tu écraseras Aram complètement[1] ». — Et tous les prophètes prophétisaient de même, criant : Monte à Ramoth de Galaad, sois victorieux, Yahwé (l') a livrée entre les mains du roi.

» Le messager qui était allé pour convoquer Mikayahou, lui dit : Voilà que les prophètes ont prédit d'une seule voix le succès au roi. Que ta parole s'accorde avec la leur ; fais une prédiction favorable. — Vive Yahwé ! s'écria Mikayahou, ce que Yahwé me commandera, je le dirai ! — Il se présenta devant le roi et celui-ci lui dit : Mikayahou, devons-nous aller pour prendre Ramoth de Galaad ou nous abstenir ? — Mikayahou répondit : Monte, sois vainqueur, Yahwé (l') a livrée entre les mains du roi. — Le roi reprit : Combien de fois dois-je te conjurer par le nom de Yahwé de ne me dire que la vérité ? — Et le prophète prononça :

« Je vois tout Israël dispersé sur les montagnes comme un troupeau qui n'a pas de berger. Yahwé a dit : Ils n'ont point de chef ; que chacun retourne en paix chez soi. »

1. Les cornes étaient un symbole de force et de puissance. Mais il y a sans doute aussi une allusion à la représentation de Yahwé sous les espèces d'un taureau.

» Alors le roi d'Israël dit à Josaphat : Ne t'avais-je pas annoncé qu'il ne me prédisait jamais rien de bon, mais du mal? — Et Mikayahou continua : Ecoute la parole de Yahwé. J'ai vu Yahwé siégeant sur son trône et toute l'armée des cieux se tenant auprès de lui, à sa droite et à sa gauche. Et Yahwé disait : « Qui saura égarer Achab afin qu'il marche et qu'il tombe devant Ramoth de Galaad? » Et l'un disait ceci, et l'autre disait cela. Alors l'Esprit s'avança et se tint devant Yahwé : « C'est moi, dit-il, qui l'égarerai! » Yahwé lui demanda : « Comment cela? » Il répondit : « Je sortirai et je serai un esprit de mensonge dans la bouche de tous ses prophètes ». — « Tu l'égareras, dit Yahwé, et tu auras l'avantage sur lui. Va et fais ainsi. » Et maintenant voici que Yahwé a mis un esprit de mensonge dans la bouche de tous ces prophètes, car Yahwé a décrété du malheur contre toi.

» Alors Sidqiyah, fils de Kenaanah, s'avança et frappa Mikayahou à la mâchoire en s'écriant : Par où l'Esprit de Yahwé a-t-il passé de moi en toi pour prophétiser? — Tu le verras, répondit Mikayahou, le jour où tu iras de chambre en chambre pour te cacher. — Saisissez Mikayahou, commanda le roi d'Israël, et remettez-le à Amon, gouverneur de la ville et au vizir Joas, en disant : le roi a ordonné : « Mettez cet homme en prison et donnez-lui la ration de pain et d'eau des temps de détresse jusqu'à ce que je revienne en paix ». — Mikayahou s'écria : Si vraiment tu reviens en paix, Yahwé n'aura pas parlé par ma bouche ! »

Ce morceau où l'on s'accorde, en dépit de l'art consommé du récit, à reconnaître la peinture d'une situation réelle, est d'une importance singulière. Il témoigne, comme la stèle de Mésa, que Yahwé était bien le dieu d'Israël, officiellement reconnu pour tel par Achab. Il atteste que le roi d'Israël consultait les prophètes de Yahwé — et non pas les prophètes d'un dieu étranger, — sur les questions les plus graves. Nous devons donc repousser tous les récits qui tendent à nous imposer une opinion contraire et, en particulier, toute la légende d'Elie.

Remarquez, d'ailleurs, combien ce chap. XXII se préoccupe peu de l'existence d'Elie : il l'ignore. Si vraiment ce dernier avait joué le rôle qu'on lui prête, est-il admissible qu'on ne l'ait point convoqué ? Nous n'avons pas d'autre

ressource que de conclure que les récits qui
concernent Elie et Elisée, plus ou moins habi-
lement rattachés aux événements historiques,
n'ont aucun lien réel avec ces derniers. Ce
n'est pas qu'ils soient dépourvus de sens au
point de vue religieux. Nous venons de voir la
rivalité qui mettait parfois aux prises les prophètes d'un même dieu; il n'est pas douteux
que cette rivalité était vive entre les prophètes
des diverses divinités. Il suffit de voir l'ardeur
avec laquelle Mésa humilie Yahwé devant Kamosch pour se rendre compte des sentiments
qui devaient agiter les prophètes de ce dieu à
l'égard des prophètes de Yahwé. La légende
d'Elie est un écho des luttes entre ces derniers
et les prophètes du Baal de Tyr. Soigneusement entretenue dans les écoles de prophètes,
dédoublée même — car Elisée n'est qu'un autre Elie, — elle a joui d'une vogue prodigieuse
dans le populaire et jusque dans le christianisme
primitif.

A mesure que le cycle d'Elie et d'Elisée s'est
développé, il a englobé dans sa haine aveugle
tous les contemporains qui pouvaient être soup-
çonnés de sympathie pour les cultes phéniciens,
ne reculant pas devant la sanctification de leurs

meurtriers : l'histoire a été contaminée par la légende. C'est ainsi qu'Achab finit par passer pour impie et nous verrons bientôt que le même sort devait frapper sa fille Athalie.

*
* *

Le royaume d'Israël sous Omri et sous Achab a joué dans l'histoire un rôle glorieux. Longtemps les scribes assyriens le désigneront sous le nom de « pays d'Omri ». Il résista victorieusement aux attaques redoutables du royaume de Damas ; il soumit Moab et entretint des rapports amicaux avec Juda comme avec Tyr. Cette dernière cité était à l'apogée de sa puissance et de sa richesse. Ethbaal qui régnait sur elle, portait le titre de roi des Sidoniens, c'est-à-dire qu'il étendait sa suzeraineté sur toute la Phénicie méridionale.

Jézabel, fille d'Ethbaal, épousa Achab, roi d'Israël, et il n'est pas douteux que les cultes de Melqart et d'Astarté connurent une faveur nouvelle dans le royaume du nord. Aucun Israélite, sauf les écoles de prophètes, n'y trouvait à redire, car l'idée monothéiste ne dépassait pas encore le stade personnel dont Racine a eu la juste intuition :

J'ai mon Dieu que je sers ; vous servirez le vôtre :
Ce sont deux puissants Dieux.

A Samarie même, les Israélites, nous l'avons
dit, adoraient Yahwé identifié au dieu-taureau
Béthel et la déesse Anath. Ces cultes se sont
maintenus tardivement puisque les papyrus
d'Eléphantine, récemment publiés, les attestent
encore à la fin du V° siècle avant notre ère.
Les Israélites du royaume du nord ne pouvaient que trouver naturels les égards témoi-
gnés aux dieux d'un pays allié.

On comprend que les écrivains postérieurs
aient exploité le penchant que Jézabel avait
gardé pour les dieux de sa jeunesse. Toutefois, ils ont dépassé la mesure en englobant
Achab et Athalie dans leur réprobation. Nous
n'en pouvons douter après le témoignage du
livre des Rois que nous avons cité et que
confirme la stèle de Mésa. On peut y joindre le
fait que les trois enfants d'Achab, que nous
connaissons, ont tous un nom composé avec
celui de Yahwé.

D'ailleurs, si la maison d'Omri entretint des
relations d'amitié avec la dynastie tyrienne, elle
rechercha aussi l'alliance des rois de Juda et

c'est pourquoi Athalie, la fille d'Achab, épousa Joram, fils de Josaphat, roi de Juda.

Pour plus de clarté, rappelons la suite des rois contemporains d'Israël et de Juda.

ISRAEL

Omri (887-876);

Achab, fils d'Omri, (876-854);

Ochozias, fils d'Achab, (854-853);

Joram, fils d'Achab, (853-842);

Jéhu, usurpateur, (842-815).

JUDA

Josaphat (873-849);

Joram, fils de Josaphat, (849-842) épouse Athalie, fille d'Achab;

Ochozias, fils de Joram et d'Athalie, (842);

Athalie (842-837);

Joas, fils d'Ochozias, (837-798).

Dans II *Rois*, VIII, 18, Athalie est désignée comme fille d'Achab; mais le verset 26 du même chapitre [1], suivi par II *Chroniques*, XXII, 2, la dit fille d'Omri et quelques auteurs acceptent cette dernière leçon. Mais c'est à tort, car dans les habitudes de l'Ancien Testament, il n'y a

---

1. La version grecque de Lucien porte cependant en cet endroit : fille d'Achab,

pas là de contradiction, le terme de fils étant
mis fréquemment pour « petit-fils »[1].

Il n'est donc pas douteux qu'Athalie était
fille d'Achab ; mais il est beaucoup moins sûr
qu'elle fût fille de Jézabel. Aucun texte n'indique cette filiation ; aucun n'y fait allusion.
Bien plus, la chronologie biblique l'exclut formellement.

En effet, d'après II *Rois*, VIII, 26, Ochozias,
fils de Joram de Juda et d'Athalie, monte sur le
trône en 842, à l'âge de vingt-deux ans. Athalie
devait alors avoir une quarantaine d'années, ce
qui place la date de sa naissance en 882, c'est-
à-dire six ans avant l'avènement au trône de
son père Achab (876). Or, il résulte de I *Rois*,
XVI, 31, qu'Achab n'épousa Jézabel qu'après
son avènement. Donc, Athalie ne peut être la
fille de Jézabel.

Cette filiation n'a été inventée, postérieurement à notre ère, que pour expliquer l'impiété
d'Athalie. Mais cette accusation d'impiété, elle-
même, n'apparaît dans aucun passage du livre
des Rois, elle n'est formulée que par le livre

---

1. C'est ainsi que Jéhu, fils de Yehosaphat, fils de Nimschi, est
parfois dit simplement fils de Nimschi.

des Chroniques auquel sa rédaction tardive et tendancieuse enlève toute autorité.

La manière même dont est présentée cette accusation par le livre des Chroniques est intéressante à noter et elle va nous révéler un des buts qu'on poursuivait ainsi : « Car l'impie Athalie et ses fils avaient ruiné le temple de Dieu et même ils avaient consacré aux Baals tous les objets sacrés du temple de Yahwé[1]. »

On ne se contente plus de vouer Athalie à la haine des fidèles, on lui adjoint ses fils dans cet opprobre. Les commentateurs ont été fort embarrassés de cet excès de zèle. Car ces fils étaient des jeunes gens, dont un seul a régné l'espace d'un an. St Jérôme, reflétant probablement une opinion rabbinique, prétend qu'ici les fils d'Athalie sont les prophètes de Baal. D'autres exégètes renchérissent d'ingéniosité et imaginent qu'il s'agit de fils illégitimes.

En réalité, notre texte est une simple imposture : le parti sacerdotal a voulu justifier le massacre des fils d'Athalie et pour cela il suffisait de les accuser d'impiété. Pour suivre pas à pas les progrès de la haine qui s'est acharnée

1. II *Chr.*, XXIV, 7.

contre la famille d'Achab et cette malheureuse Athalie, pour reconstituer chaque anneau de cette chaîne fatale, il nous faut retracer les événements qui consommèrent la ruine de la dynastie d'Omri.

*
* *

Le héros de ce drame sanglant est Jéhu, type du parfait soudard qu'une armée mécontente, profitant de l'absence du roi, place sur le trône. C'était en 842. Salmanasar II venait de mettre en fuite l'armée de Damas et le premier soin de Jéhu, après son installation, fut de payer tribut au roi d'Assyrie. Le fameux obélisque noir de Salmanasar le représente, baisant la terre aux pieds du vainqueur et l'inscription le désigne : « Jéhu, du pays d'Omri[1] ».

On comprend que le livre des Rois fasse le silence sur cette démarche, mais il relate avec détail les événements antérieurs parce que la réhabilitation de Jéhu, c'est-à-dire l'excuse de ses crimes, s'est imposée aux rédacteurs postérieurs comme une œuvre pie. En soutenant la

---

1. Une erreur de lecture a longtemps fait traduire : « fils d'Omri ».

légitimité de ses crimes, du moins n'ont-ils rien caché de sa violence sanguinaire et de son hypocrisie redoutable. L'exaltation de Jéhu achève cette poursuite sans merci qui s'attache à la maison d'Achab. On n'hésite pas à proclamer que Dieu lui-même avait prescrit à Elie de verser l'huile sainte sur la tête de Jéhu[1]. Ailleurs, c'est Elisée qui accomplit le rite par l'intermédiaire d'un messager[2].

Les historiens modernes voient dans ce détail la preuve que le mouvement qui porta Jéhu sur le trône était dirigé par les prophètes. C'est une erreur, et une erreur grave car elle entraîne une conception fausse du rôle des prophètes à cette époque. Les témoignages les plus sûrs du livre des Rois montrent que ce rôle n'était pas aussi décisif qu'on le prétend, d'abord parce que l'ensemble des voyants était tenu en main par le pouvoir royal, ensuite parce qu'ils se contredisaient les uns les autres, laissant ainsi toute liberté à l'initiative du roi et de ses conseillers.

On s'est étonné qu'après avoir tué le roi

1. I *Rois*, xix, 16.
2. II *Rois*, ix, 2 et suiv.

d'Israël qu'il aspirait à remplacer, Jéhu ait poursuivi le roi de Juda. « S'il n'y avait eu dans la conspiration que le fait d'un militaire déloyal, voulant se défaire de son maître pour régner à sa place, Jéhu se fût arrêté après l'heureux coup de flèche qui lui assurait le trône d'Israël. Ce qui montre bien que la haine des prophètes contre la maison d'Achab se cachait derrière l'ambition de Jéhu, c'est que celui-ci, qui pourtant ne pouvait aspirer à la royauté de Jérusalem, voulut à tout prix tuer Ochozias[1]. » L'argument vaudrait si les dynasties d'Israël et de Juda avaient été étrangères l'une à l'autre. Mais tel n'était pas le cas : les deux familles royales étaient étroitement apparentées. Non seulement Joram de Juda avait épousé Athalie, fille d'Achab ; mais Ochozias de Juda, son fils, prit également femme dans la maison d'Achab. Ces unions nous expliquent l'identité des noms portés par les rois d'Israël et de Juda à cette époque. Dans ces conditions, la maison d'Israël ne pouvait manquer de trouver un appui auprès d'Ochozias si Jéhu n'avait pas réussi à supprimer ce dernier.

1. Renan, *Hist. du peuple d'Israël*, II, p. 314-315.

Le crime initial accompli, Jéhu se rend à Yezréel. La reine-mère, Jézabel, qui s'y trouvait, informée du sort de son fils et de l'approche du meurtrier, s'apprête à mourir. Elle revêt ses ornements royaux, se pare les yeux avec du fard et se place à une fenêtre. Au moment où Jéhu entre sur son char, elle lui crie : « Comment va Zimri, l'assassin de son maître? » — Zimri était cet officier qui tua le roi Baésa, mais ne régna que sept jours, l'armée ayant proclamé Omri. Le soudard ne trouve rien à répondre, mais appelle des eunuques qui précipitent la reine par la fenêtre. Le sang jaillit contre le mur, éclaboussant les chevaux, et Jéhu passe avec son char sur le corps. Puis il s'en fut faire ripaille dans le palais.

A la fin du banquet, Jéhu s'inquiète de la reine; mais on lui apprend que les chiens n'ont laissé que le crâne, les pieds et les mains. Le rédacteur qui n'est pas sans redouter l'impression qu'un tel récit peut laisser dans l'esprit du lecteur, vient au secours de Jéhu avec une prétendue prophétie d'Elie : « Dans les champs de Yezréel, les chiens mangeront la chair de Jézabel et le cadavre sera comme du fumier dans les champs, sur le territoire de Yezréel, de

sorte qu'on ne pourra plus dire : Voici Jézabel ! » Chez le prophète Osée, i, 4, un siècle
après les événements, mais dans une rédaction
certainement plus ancienne que le récit du
livre des Rois, on trouve une note toute différente : «... Dans peu de temps, dit Yahwé, je
vengerai sur la maison de Jéhu le sang de
Yezréel et je ferai cesser le règne de la maison
d'Israël ».

Maître de Yezréel, Jéhu songe à entrer à
Samarie, la capitale du royaume. Il exige qu'on
lui apporte les têtes des fils et petits-fils
d'Achab. Ici encore, le rédacteur couvre ce
massacre d'une parole du prophète Elie.

Sur le chemin de Samarie, Jéhu rencontre
une troupe joyeuse : ce sont les frères d'Ochozias, roi de Juda, qui ignorent tout des événements et se rendent à Samarie faire visite à leurs
cousins, les enfants du roi d'Israël. « Saisissez-
les vivants ! » crie Jéhu à ses gens. Ils les saisissent vivants, en effet, mais pour les égorger
et les jeter dans une citerne. Quarante-deux
hommes ou jeunes gens disparurent ainsi.

Le rédacteur du livre des Rois néglige d'apporter comme excuse à ce nouveau forfait la
parole d'un prophète ; mais, plus tard, le ré-

dacteur du livre des Chroniques s'apercevra
de la lacune et, pour y suppléer, il lancera
contre les malheureux l'accusation irrémissible,
celle d'impiété : « Car l'impie Athalie *et ses fils*,
écrira-t-il, avaient ruiné le temple de Dieu et
même ils avaient consacré aux Baals tous les
objets sacrés du temple de Yahwé. » Ce dernier
trait révèle assez l'origine sacerdotale de l'accusation. Par un hasard inespéré, le livre des
Rois réfute cette accusation mensongère. Quand
Joas, roi de Juda, pressé par Hazaël, roi de
Damas, veut sauver Jérusalem des affres du
siège, il livre entre les mains de Hazaël le
trésor du temple. Et ce trésor, ce sont Joram,
qui a régné avec Athalie, et Ochozias, le fils
d'Athalie, qui ont contribué à le constituer. Ni
Athalie, ni son fils Ochozias ne l'ont détourné
de sa destination puisque Joas le trouva intact[1] :
« C'est pourquoi Joas, roi de Juda, prit tous les
objets qu'avaient consacrés ses pères, les rois
de Juda, Josaphat, Joram et Ochozias et ceux
qu'il avait consacrés lui-même, et tout l'or qui
se trouvait dans les trésors du temple de Yahwé
et du palais royal, pour l'envoyer à Hazaël, roi

----

1. II *Rois*, xii, 18.

d'Aram, et celui-ci se retira de Jérusalem. » Ce texte est décisif et nous convainc encore que l'histoire de ce temps telle que nous la présente le livre des Chroniques est de tout point contraire à la réalité.

Mais le travail de déformation tendancieuse avait été commencé par le rédacteur du livre des Rois. Nous avons vu déjà que tout ce qui concernait Elie et Elisée était purement légendaire. Le chapitre xi du second livre des Rois va nous fournir un nouvel exemple.

Il est remarquable qu'on ne nous ait conservé aucun renseignement sur l'activité d'Athalie pendant son règne. Par contre, nous possédons un long récit de sa mort et de l'avènement de Joas, qui forme à lui seul le chapitre xi du second livre des Rois. La critique moderne estime que ce chapitre est constitué par la fusion de deux récits provenant de deux sources différentes, et M. Stade, qui a développé cette idée, se fonde sur ce que la mort d'Athalie y est relatée deux fois. Dans l'une des versions primitives, le jeune Joas, après avoir été sacré dans le temple, est entraîné au palais et placé sur le trône tandis qu'on tue Athalie par l'épée. Dans l'autre version, Athalie, entendant le bruit de l'émeute, pénètre dans le temple; mais les soldats la saisissent, l'entraînent et la mettent à mort devant une porte du palais.

A vrai dire, cette reconstitution des deux sources nous paraît très douteuse, car il n'y a pas, à proprement parler, deux récits de la mort d'Athalie. La seconde mention est un rappel incident pour constater que « la ville resta tranquille quand on fit mourir Athalie par l'épée au palais ». L'ensemble, au contraire, nous paraît un récit fort habile, très cohérent, dont l'intention très nette est de donner le premier rôle, dans la conspiration sanglante, au prêtre du temple de Jérusalem. Et dans cette direction, il est très vraisemblable, comme on l'admet d'ailleurs généralement, que le chef du soulèvement, Yehoyada ou Joad, n'était pas prêtre, mais commandant de la garde. Le changement de ce chef militaire en prêtre a entraîné dans le livre des Chroniques une modification plus profonde : aux soldats sont substitués les lévites et les prêtres. La rectification est logique puisque le grand-prêtre ne commandait pas aux soldats.

Ce chapitre xi si profondément remanié, si suspect dans ses développements tendancieux,

est le seul qui mentionne les crimes d'Athalie :
« Cependant Athalie, la mère d'Ochozias, lorsqu'elle apprit que son fils était mort, fit périr
toute la race royale. » L'expression est d'une
étrange imprécision. N'était le long récit qui
suit, on ignorerait qu'il s'agit des petit-fils de
la reine. Or, Ochozias étant mort âgé de 23 ans,
ses fils étaient tous en bas-âge. Comment
Athalie les aurait-elle fait mettre à mort,
puisqu'elle ne pouvait tenir le pouvoir que de
leur existence même? Vivants, une longue
régence lui était normalement assurée; dis-
parus, elle perdait légalement toute autorité.
Puisqu'on se plaît à supposer à la reine-mère
de l'ambition et du caractère, comment aurait-
elle commis un acte aussi contraire à ses in-
térêts?

La difficulté est réelle et l'on s'en aperçoit à
l'embarras des commentateurs. Edouard Reuss
avance deux raisons peu convaincantes : « Cet
acte de cruauté s'explique, dit-il, d'abord par
le désir qu'elle avait d'écarter tous les prétendants pour s'emparer du pouvoir. » Je crains de
ne pas saisir la pensée du savant exégète, mais
ce titre de prétendants appliqué à des enfants
en bas-âge donne l'impression d'un *lapsus*.

« Ensuite aussi, ajoute-t-il, par des motifs religieux, en ce qu'elle faisait ainsi expier à une
famille *jéhoviste* la ruine de sa propre famille
égorgée au nom du même parti. » C'est prêter
à tous les acteurs de ces drames une subtilité
théologique excessive; mais c'est aussi s'appuyer sur une double erreur. Reuss a voulu dire
qu'en voyant disparaître la dynastie d'Achab,
Athalie conçut le projet d'anéantir, dans ses
petits-enfants, la race de David. C'est là une
conception dramatique qui oublie la fusion
qui s'était opérée entre les deux dynasties, au
point que leurs princes, comme nous l'avons
vu, portaient les mêmes noms. Quant au motif
religieux, on ne conçoit pas — nous avons longuement insisté sur ce point, — que l'une ou
l'autre dynastie ait été moins attachée au culte
de Yahwé.

Renan a bien vu l'impossibilité, dans laquelle
nous sommes, d'admettre le récit des crimes
d'Athalie tel que nous l'offre le chapitre xi. Et
sans s'en expliquer dans le détail, il suppose
qu'Athalie faisait successivement disparaître
ceux des jeunes princes, ses petits-fils, qui ap-
prochaient de leur majorité et ne pouvaient
manquer de déposséder la reine-mère. Si

cette explication était la bonne, le rédacteur n'eût eu aucun motif de la modifier et il nous l'aurait certainement conservée ; elle se heurte d'ailleurs aux mêmes difficultés. Athalie n'ayant régné que six ans, les enfants qui étaient en bas-âge à son avènement ne pouvaient pas encore, à sa mort, faire figure de prétendants. Il restait encore quelques années à l'activité de la reine-mère avant de recourir au crime.

En présence de l'impossibilité où nous sommes d'expliquer le mobile de ce massacre des innocents imputé à Athalie et, d'autre part, étant donné le peu de valeur historique de ce chapitre XI qui seul en fait mention, le doute n'est-il pas permis sur la réalité de l'acte lui-même ? Ne serait-ce pas une invention tardive, comme tant d'autres que nous avons relevées, et destinée à légitimer, à glorifier cette révolte militaire que l'on avait fini par attribuer à l'autorité du grand-prêtre et par placer sous l'égide des prophètes ?

Athalie fut victime d'une conspiration militaire, comme l'ont été tant de rois d'Israël ou de Damas, comme le seront Joas lui-même et son fils Amasias. La mention historique de ces révoltes sanglantes est toujours brève : « Ses officiers se soulevèrent contre lui, formèrent un complot et le tuèrent[1]... » La même aventure survint à Athalie ; mais le rédacteur y ajoute des développements suspects parce que le cycle des récits concernant la famille d'Achab ne pouvait se fermer sur une mention aussi banale. On a travesti les événements et leur cause ; on a glorifié le grand-prêtre qui n'avait pas pris part à l'action, légitimé les forfaits de Jéhu et on a achevé d'écraser la famille d'Achab sous le poids du crime le plus atroce : Athalie faisant égorger ses petits-fils.

Ainsi, les partisans du sanctuaire unique et de la centralisation du culte à Jérusalem discréditaient définitivement cette famille puissante qui leur portait ombrage et qui, par l'éclat de ses règnes, constituait l'argument le plus fort contre leurs prétentions.

En inventant le massacre des petits-fils d'Athalie par la reine-mère, ils rompaient moralement le lien qui rattachait la race de David à celle d'Achab et le culte de Yahwé au sanctuaire de Samarie. Dans ce baptême du sang, la dynastie de Juda reprenait une pureté nouvelle.

1. II *Rois*, XII, 21.

La preuve que c'est bien ainsi qu'il faut interpréter ce chapitre, nous est fournie par le texte même lorsque l'auteur, tirant la morale de l'aventure, conclut à une nouvelle alliance :

« Et Joad fit le pacte entre Yahwé, le roi et le peuple, pour qu'il devint le peuple de Yahwé. »

Nous ignorerons peut-être toujours le détail des événements ; mais nous en savons assez sur la tendance générale qui a guidé le rédacteur du livre des Rois en ce qui touche la famille d'Achab. Son intention de jeter la défaveur sur une des dynasties israélites qui ont eu le plus brillé, est certaine. Pour réussir sa démonstration pieuse, il a abouti à piétiner des cadavres et à exalter le meurtrier. Il est vrai, comme l'a dit Renan, que « l'assassiné avait toujours tort ; c'était un condamné de Yahwé ». Mais c'eût été trop peu d'appliquer cette règle monstrueuse à la dynastie d'Achab ; on a accumulé contre elle les pires accusations et l'on a inventé, pour l'en charger, les pires crimes. L'histoire israélite de cette époque est donc à reprendre sur une base nouvelle.

Visite à quelques villes Africaines

RÉCEMMENT FOUILLÉES

PAR

R. CAGNAT

J'ai essayé, l'année dernière, à pareille époque, de vous montrer avec quelle persévérance,
avec quelle lenteur réfléchie, la politique des
Romains avait mené la conquête de l'Afrique
du Nord. Nous avons vu leur domination
s'étendre peu à peu, non sans difficultés, non
sans luttes, depuis la pointe extrême de la Tunisie jusqu'à l'océan Atlantique; et je vous ai
indiqué que chaque progrès ainsi accompli
était non point un saut dans l'inconnu, mais la
consécration officielle de résultats déjà obte-
nus en fait. Rome n'annexait un territoire que
le jour où ce territoire lui était déjà à peu près
acquis moralement. Vous savez quelles furent
les conséquences de cette sage conduite : le

pays délivré des querelles locales et des guerres extérieures, redevenant prospère, les campagnes peuplées et cultivées, les voies de communication solidement établies et multipliées à travers le pays, les cités se développant de tous côtés, les bourgades d'autrefois devenant des villes et se couvrant de monuments somptueux.

Je voudrais, cette année, vous rendre témoins de cette résurrection en vous conduisant dans quelques-unes des villes africaines de ce temps-là; mais afin de ne pas répéter ce que vous avez eu l'occasion de lire ailleurs, afin d'ajouter à l'intérêt de la visite l'agrément de la nouveauté, je vous demande de me suivre dans les chantiers de fouilles ouverts depuis peu en Tunisie et en Algérie. Vous n'y trouverez pas un ensemble complet, comme à Timgad, que vous connaissez tous; vous y rencontrerez, du moins, toute une série d'édifices qui méritent de retenir l'attention[1].

*
* *

1. Les photographies qui accompagnent cette conférence m'ont été obligeamment communiquées par M. Merlin, directeur des Antiquités de la Tunisie, et par M. Alb. Ballu, architecte en chef des Monuments de l'Algérie.

Commençons par la ville de Dougga, autrefois *Thugga*, en Tunisie. Elle est située dans le pâté montagneux qui s'étend au Sud de la Medjerda entre ce fleuve et son affluent la Siliana, tout près de la route de Tunis au Kef et à huit kilomètres au Sud-Ouest de la petite ville de Téboursouk. Le plateau où elle s'élève est adossé, du côté du Nord, à des rochers abrupts et presque inaccessibles ; du côté du Sud il se termine par des pentes assez rapides que couvrent aujourd'hui de belles plantations d'oliviers et de fertiles jardins. Le village arabe, dont les maisons très humbles s'étagent sur les flancs de la colline, occupe à peine un quart de la superficie de la ville antique.

Les ruines de Dougga ont été visitées depuis longtemps et ont attiré l'attention de tous les voyageurs. Dès la première moitié du XVIIe siècle un personnage d'origine espagnole, mais né en Provence, qui s'était fait renégat par amour d'une belle « morisque » Thomas d'Arcos écrivait : « Sur une haulte montagne se trouve l'antique cité de Duca, toute destruite et semble avoir contenu de circuit quelque deux lieues. En icelle je vois un grand amphithéâtre de forme semi-circulaire tout environné de degrez les uns sur les autres, comme le Coliseo de Rome ; contiendra cet amphithéâtre quelques 70 pas de diamètre. Plus bas de cet amphithéâtre, il y a un temple qui semble avoir été dédié à Jupiter pour ce qu'au frontispice d'icelluy, il y a un aigle très grand très bien travaillé... Sur le penchant de la montagne, plus bas et proche du temple, se retrouve un semi-cercle qui servoit d'estude publique... Entre les ruynes de la cité on veoit encores les ruynes de deux arcs triomphaux d'assez belle architecture. Et y a une belle fontaine, portée de loing par aquaduck, chose assez étrange pour estre la citté située sur une montagne très haulte. »

Il y a une dizaine d'années, G. Boissier disait, de son côté : « Dougga est un tout petit village, de quelques centaines d'habitants, accroché à une montagne escarpée, dans un pays pittoresque. Aucune ville de la province d'Afrique n'est aussi riche en ruines antiques ; avec un peu d'argent dépensé d'une manière intelligente et quelques fouilles bien dirigées, on pourrait en faire une grande curiosité ; elle deviendrait facilement pour la Tunisie ce qu'est Timgad pour l'Algérie. »

Le vœu de Boissier a été exaucé ; on y a entrepris des recherches méthodiques qui ont donné, comme vous le verrez, d'excellents résultats.

La région ou s'élève Dougga était habitée bien avant l'époque romaine par des population agricoles de race berbère ; elles ont laissé de leur existence des preuves certaines, des dolmens et des inscriptions en caractères libyques. Une petite ville phénicienne se forma au milieu de ces cultures ; ses habitants y apportèrent leurs usages et leur dieux : Thugga eut, comme Carthage, ses sufètes et l'on y adora Baal, le grand dieu phénicien. « Sur un petit plateau isolé se trouvait, a écrit M. le docteur Carton qui l'a découvert, un sanctuaire où les habitants de Thugga venaient adorer Baal. C'était une espèce de champ dans lequel se dressaient de modestes stèles votives portant le triangle souvent muni de bras et d'une tête qui est l'emblème de la divinité. Au pied de chaque petit monument était une table sur laquelle on faisait les sacrifices et les libations. La cérémonie terminée, on enfouissait à son pied une urne renfermant les ossements des animaux sacrifiés, j'ai trouvé plusieurs centaines de ces vases, ce qui donne une idée de l'étendue ou de l'ancienneté du sanctuaire, qui, d'ailleurs, persista assez tard jusqu'à l'époque romaine : car, à côté des stèles grossières primitives, plusieurs portent une épigraphe romaine. Plus tard on éleva sur cet emplacement un temple à Saturne. »

C'est à cette période de l'histoire de Dougga qu'appartient le mausolée libyco-punique, qui est un des monuments les plus curieux de la ruine. Son histoire est bien connue. Au temps où Thomas d'Arcos parcourait le pays ; l'édifice était encore à peu près intact ; on y voyait une inscription bilingue, en punique et en libyque, où se lisaient les noms et la généalogie de celui qui y reposait. En 1842, un consul général d'Angleterre en Tunisie, nommé Thomas Read, voulant enrichir sa collection, la fit jeter à terre ; pour faciliter l'opération, on démolit toute une partie de l'édifice en soulevant les pierres à l'aide de leviers ; une face entière disparut au cours de cette barbare manœuvre. A la mort de Th. Read, sa collection fut mise en vente et l'inscription bilingue fut acquise par le British Museum. Heureusement les différents matériaux du tombeau furent laissés au

pied; on les a retrouvés sous la terre et sous
l'herbe qui les recouvraient, on les a remis
à leur place; et le monument se présente aujourd'hui tel qu'il existait au temps où il reçut
le corps de Atabân, fils d'Ifmatat, fils de Falao.
Haut de 21 mètres, ils se composait de trois
étage montés sur des gradins et était couronné
d'un toit en forme de pyramide; le deuxième
étage était orné de colonnes, le troisième de
cavaliers et de quadriges. Le toit est flanqué
de quatre statues ailées. Un lion assis sur-
montait la pyramide.

Vint l'occupation romaine. De grands propriétaires, habitants de Carthage, dont quelques-
uns même y étaient arrivés aux honneurs mu-
nicipaux, acquirent des terrains à Dougga, soit
directement des indigènes, soit par la protection des autorités; les uns, sans doute, y
fixèrent leur domicile; tandis que d'autres n'y
séjournaient qu'à la belle saison; et la ville
enrichie par leur présence commença à se couvrir de ces édifices qu'on retrouve partout,
toujours les mêmes, dans les agglomérations
romaines du monde entier, faits pour satisfaire
la piété des citoyens, pour répondre à leurs

besoins, à leur amour des fêtes et des spectacles[1].

Le milieu de la cité, dans le sens de la longueur était occupé par une place publique, entourée de constructions très soignées, par le forum. Il existait déjà à l'époque pré-romaine ; il s'y trouvait, sans doute, un sanctuaire élevé en l'honneur du divin Massinissa. En l'an 36 ap. J.-C., la place fut dallée ; on y bâtit un temple à l'empereur régnant Tibère, une chapelle à Saturne, différente de celle dont il a déjà été parlé et un arc triomphal, aujourd'hui détruit. De tout cela nous n'avons d'autre souvenir que des mentions sur des inscriptions. Au IIe siècle, le grand moment de prospérité de l'Empire, de nouveaux édifices s'ajoutèrent aux précédents ; sous Antonin le Pieux, des portiques autour du forum ; sous Marc Aurèle, un temple Capitolin ; sous Commode, on ajouta une annexe vers l'Est ; on la borda d'un marché vers le Sud, d'un temple de Mercure, vers le Nord, le tout fort bien bâti et précédé de portiques. Les embellissements continuèrent au IIIe siècle, mais sans que la forme générale des

---

1. Toute cette histoire monumentale de Dougga a été élucidée par M. L. Poinssot, qui a fait de cette ville son domaine.

DOUGGA. — LE FORUM & LE CAPITOLE

deux places contiguës fût modifiée ; les statues
impériales se multiplièrent. La générosité des
particuliers suffisait à toutes les dépenses ; en
échange, on gravait leurs noms sur les monuments élevés à leurs frais. Une telle récompense leur était bien due ; elle a fait passer
leurs noms à la postérité.

Le plus beau de ces monuments est assurément le Capitole. Il a été décrit maintes fois
avec ses belles colonnes cannelés — dont, soit
dit en passant, les morceaux sont, au dire des
Arabes, souverains contre les scorpions — au
nombre de quatre sur la face antérieure ; avec
sa longue inscription « pour le salut de Marc
Aurèle et de L. Vérus » avec la représentation
au milieu du fronton, d'un aigle aux ailes
éployées, emportant au ciel une figure d'empereur ; avec la porte de sa *cella* élégamment
ornée, avec ses trois niches du fond destinées à
contenir les statues de Jupiter, de Junon et de
Minerve. Naguère encore, il était profondément
enterré et caché au milieu de bâtisses arabes ;
aujourd'hui on l'a isolé, déblayé, consolidé et
sa silhouette gracieuse, dorée par les rayons
du soleil, se dresse fièrement au-dessus de
la place dallée, contemporaine des Antonins.

— qu'il est maintenant possible de fouler aux pieds dans toute sa longueur.

Le forum fut abandonné à la suite des événements extérieurs et intérieurs qui marquèrent la fin de la domination romaine en Afrique et se remblaya rapidement. Quand les Byzantins, qui avaient chassé les Vandales, établirent leurs fortifications, ils les assirent sur des fondations dont le niveau est très supérieur à celui du sol romain. Ces fortifications furent, comme partout ailleurs, bâties aux dépens des constructions antérieures encore debout et de celles qui s'étaient écroulées. C'est ainsi que la muraille d'enceinte enveloppa le Capitole, qui devint un des bastions de la place.

Au Nord-Est du temple Capitolin, également au bord du plateau où étaient placés les principaux édifices de Dougga, M. le docteur Carton a déblayé, il y a une quinzaine d'années, un théâtre dont la conservation est remarquable, le plus complet que la Tunisie nous ait livré jusqu'à présent — c'est l'amphithéâtre de Thomas d'Arcos.

Adossé à la colline, dans laquelle sa courbe a été taillée, il possède encore intactes les vingt-cinq rangées de gradins qui le composaient; des loges, qui surmontaient les deux couloirs latéraux menant à l'orchestre, l'une est bien conservée. Quant à la scène, chose assez rare et dont nous n'avons pas encore d'exemple dans les autres théâtres africains, elle a conservé son sol antique, fait d'une mosaïque blanche assez commune; il n'y a aucune trace en avant de ces cavités où s'enfonçaient ailleurs les montants de la toile; car on se contentait, à Dougga, d'un simple rideau qui s'ouvrait par le milieu et qu'on tirait des deux côtés. Le mur postérieur, celui qui, dans d'autres villes antiques, par exemple à Orange, est d'un si grand effet, s'est écroulé; mais toute son ornementation est restée à terre et l'on a pu la reconstituer telle qu'elle se présentait autrefois : il y avait là une sorte d'avant-corps, fait d'une plate-forme aux découpures élégantes, on étaient dressées des colonnes corinthiennes, hautes de 5 mètres, soutenant une architrave à moulures. L'aspect de cet ensemble, au travers duquel on aperçoit aujourd'hui l'horizon montagneux, et la campagne verdoyante est d'un effet charmant; assurément il n'en était pas de même autrefois quand le grand mur de la scène arrêtait la vue des spectateurs ; l'archéologie a perdu à sa chute, le pittoresque y a gagné.

Le temple du Capitole avait été élevé par deux riches citoyens de Dougga qui se nommaient tous deux C. Marcius Simplex ; le théâtre fut bâti à la même époque par un C. Marcius Quadratus, leur frère sans doute. Cette double construction fait l'éloge de leur générosité, mais elle fait aussi celui de leur fortune. Autant que nous le savons par des inscriptions, un théâtre ne coûtait pas moins, en Afrique, de 400.000 sesterces, soit 100.000 francs et un temple, surtout un temple comme celui-là, moins de 200.000 sesterces, soit 50.000 fr.

Plus loin, vers le Nord-Est, se voit le temple auquel il a été déjà fait allusion, le temple de Baal-Saturne, celui qui, à l'époque romaine, avait succédé au sanctuaire phénicien primitif. Le plan n'est pas celui des temples gréco-romains ordinaires : il forme une enceinte fermée, une sorte de cloître, suivant le mot fort juste de celui qui l'a déblayé. La façade regardait la vallée ; la porte d'entrée s'ouvrait au milieu sous un portique ; du côté opposé, au fond du cloître, trois chambres juxtaposées occupaient toute la largeur ; celle du milieu contenait des statues.

DOUGGA. — LE TEMPLE DE CAELESTIS

DOUGGA. — LE THÉATRE

A l'Ouest de la ruine, en pendant, pour ainsi dire, du temple de Saturne, sur un terrain en pente douce, au milieu d'une forêt d'oliviers existait un autre temple, consacré pareillement à une divinité phénicienne, Tanit, que les Romains avaient appelée *Virgo Caelestis*, aux frais d'un riche citoyen de la ville, Q. Gabinius Rufus Felix Beatianus. La demeure de la divinité, une petite chapelle entourée de colonnes, qui contenait, nous dit une inscription, « des images de Caelestis en argent », se dressait au milieu d'une cour demi-circulaire non pavée — car elle était, sans doute, plantée d'arbres qui formaient un bois sacré. La cour était entourée d'un portique également circulaire, comme le croissant de la lune, symbole de Tanit dans les représentations figurées. La corniche, finement ornementée, était de loin en loin surmontée de statues dont les noms ont été écrits au-dessous : noms de villes, Carthage, Thugga, Laodicée ; noms de provinces : Syrie, Dalmatie, Mésopotamie, Judée. Il est remarquable que toutes appartiennent à l'Afrique ou à l'Orient grec, sans doute parce que ces cités et ces provinces possédaient des temples de Tanit célèbres. La disposition de cet édifice, à peu près unique en son genre jusqu'ici, mérite toute notre attention.

Dougga ne possédait point d'amphithéâtre pour les jeux de gladiateurs, comme il en existait dans bien des villes d'Afrique, mais elle avait un cirque pour les courses de chevaux, sur un petit plateau rocheux ; les gradins en ont été enlevés à peu près tous pour la construction de l'enceinte byzantine voisine ; il ne reste plus que la levée de terre centrale, terminée à ses deux extrémités par des bornes circulaires, autours desquelles évoluaient les chars.

Des portes triomphales, quelques temples moins importants, de grandes citernes, une jolie fontaine, des thermes complètent la série des monuments publics de Dougga.

Les maisons s'étageaient autour de ces monuments jusqu'aux environs du tombeau libyco-punique ; de ce côté, elles sont assez bien conservées, ayant été comblées par les terres un peu à la façon des maisons de Pompéi. L'une d'elles, aujourd'hui presque complètement déblayée, attire surtout l'attention : c'est un des beaux spécimens d'habitations romaines qui nous soient restées pour l'Afrique. Sur la rue

DOUGGA. — MOSAÏQUE D'UNE MAISON

qu'elle longe au Nord s'ouvre le vestibule, d'où un grand escalier de vingt et une marches conduit, en descendant, jusque dans la cour de la demeure. La plupart des chambres de la maison sont disposées autour de cet atrium, qui se trouve à cinq mètres plus bas que le niveau de la rue. Les colonnes de l'atrium étaient revêtues de stuc, le sol du portique était pavé de jolies mosaïques; le milieu de la cour formait un jardin. Le pavement des chambres était aussi fait de mosaïques et les murs étaient revêtus de peintures. Enfin des bains, richement aménagés, dépendaient de cette grande habitation. Elle peut donner une idée parfaite de ce qu'était la vie de ces riches bourgeois africains de l'époque impériale, qui avaient pareillement à cœur la splendeur de leur ville et l'élégance de leur foyer domestique.

Les ruines de l'ancienne ville de *Thubursicum Numidarum*, aujourd'hui Khamissa, dans la province de Constantine, à une quarantaine de kilomètres au Sud-Ouest de Souk-Ahras. n'ont point le charme de celles de Dougga:

elles ne s'étagent point sur le contour d'une colline, verdoyante, elles ne se cachent point parmi les oliviers. De quelque côté qu'on les aborde, leur aspect est plutôt triste et sévère ; elles ont de la grandeur, de la noblesse ; l'élégance n'est point leur fait.

Le nom seul de la localité indique son origine : c'est une cité essentiellement numide, le chef-lieu d'un canton occupé par des indigènes, par une tribu africaine. Même à l'époque impériale, alors que la ville est florissante, il est encore question dans les inscriptions de Khamissa d'un préfet de cette tribu la *gens Numidarum* et l'un deux est un citoyen romain. L'agglomération s'est formée librement, sans plan d'ensemble, au gré des événements, sur cinq collines voisines qu'elle couvrait entièrement ; sa superficie était considérable : on l'a estimée à 100 hectares, sans compter les cimetières extérieurs aux portes.

Là aussi, c'est le forum qui a attiré d'abord l'attention. Les premiers coups de pioche y ont été donnés, il y a plus de trente ans, par un professeur de l'Ecole des Lettres d'Alger, le premier directeur de cette école ; le service des Monuments historiques l'a mis complète-

ment au jour depuis dix ans, par les soins de
M. Joly; on peut se rendre parfaitement compte
de sa disposition antique. La plate-forme où il
s'étendait avait été découpée sur la pente d'une
croupe rocheuse, si bien que, d'un côté, la colline, taillée de mains d'homme, faisait office de
mur, tandis que, du côté opposé, la place sur-
plombait une rue montante qui y conduisait.
Pour assurer la solidité des assises le long de
cette rue, on avait aménagé sous la place, en
bordure, des sous-sols, magasins ou boutiques.
C'est exactement ce qui avait été fait à Timgad, ce qui existait aussi à Carthage, autant
qu'on peut en juger par un passage des Con-
fessions de St Augustin. On éleva, sur le forum, les constructions habituelles : à l'Ouest,
un temple reconnaissable à de belles colonnes
en marbre jaune de Chemtou, très ruiné, qui fut,
peut-être, aux bas-temps transformé en église
chrétienne ; à côté, une petite salle, terminée
en abside, avec un bassin circulaire, servait
alors de baptistère; puis un second édifice, rectangulaire, assez semblable comme plan à un
temple et précédé d'un portique de quatre colonnes; il faut y voir, semble-t-il, la Curie, le
lieu où se réunissaient les conseillers munici-

paux, où ils présidaient à l'administration de la cité.

Au fond de la place, vers le Sud, appuyées contre le rocher et même taillées dans la montagne, une série de pièces se succédaient, dont la destination ne saurait être fixée : elles ont, d'ailleurs, été remaniées au cours des temps. Ainsi, l'une d'elles qui forme l'angle Sud-Est, était d'abord une salle allongée, ornée d'une grande niche; dans la suite, on la partagea en deux par un mur de refend qui s'avance sur la place, dépassant même la ligne des colonnes du portique. On a trouvé, de ce côté, deux petits monuments caractéristiques qui existaient, il est vrai, sur toutes les places publiques romaines, mais qu'on n'a encore rencontrés que rarement dans les fouilles. Contre le mur de la Curie on peut voir aujourd'hui encore, à leur place antique, deux tables de mesures-étalons : elles reposent sur des supports, qui, dans l'espèce, sont des chapiteaux renversés posés sur le tailloir. L'une et l'autre sont percées de cavités circulaires ou rectangulaires, de tailles différentes, qui se terminent toutes par un trou ouvert dans la surface inférieure de la pierre. On sait quel était l'usage de ces cavités; on y encastrait une mesure en métal, de même forme, destinée à servir d'étalon; les unes étaient réservées aux liquides, les autres aux grains. L'employé chargé de jauger les matières apportées en vérification par les marchands ou le public, les versait dans les vases-types jusqu'à ce que la mesure fût pleine; puis, au moyen d'une plaque de bronze, mobile ou d'un robinet, il ouvrait le trou d'écoulement. La quantité de grain ou de liquide qui s'en échappait donnait la capacité exacte de la mesure. Détail curieux : ces mesures ne paraissent répondre exactement à aucune de celles qui étaient usitées dans le système romain; il semble qu'à Khamissa on se servit d'unités locales.

Quelques mètres plus loin, entre deux des colonnes qui régnaient au fond de la place et soutenaient le portique, s'avance une petite plate-forme, élevée de deux mètres au-dessus du sol; les murs en étaient revêtus de plaques de marbre. On y a reconnu une tribune. Il fallait bien qu'il y eût une place spéciale d'où les magistrats et les citoyens pussent se faire entendre du peuple assemblé au forum, lui communiquer les nouvelles qui l'intéressaient, les décisions du conseil municipal, les instructions du gouverneur ou de l'empereur. A Dougga, et ailleurs aussi, cette tribune, ces « rostres » pour employer l'expression technique, sont mentionnés sur des inscriptions avec la balustrade de bronze qui l'entourait; mais elle n'a pas été retrouvée. On a eu la main plus heureuse à Khamissa.

La face orientale du forum est occupée par une grande basilique à trois nefs, trop grande pour la place, qu'elle outrepasse vers le Sud. Quelle que soit la cause de cette disproportion, que l'édifice ait été bâti antérieurement ou postérieurement au tracé du forum, ou agrandi, le fait est indubitable ; il est instructif; on peut juger par là de ce que fut l'importance d'une ville où la bourse et le palais de justice nécessitaient un tel développement.

Cette place était encore, au IVe siècle, le rendez-vous des gens de Thubursicum, puisque le dallage en fut restauré entre 326 et 333 par un Nonius Marcellus, qui était soit le lexicographe bien connu, originaire de Khamissa, ainsi qu'on le sait, soit un de ses parents. Trente ans plus tard, entre 360 et 370, on en aménagea une autre le « forum nouveau »

non point sur la même hauteur, mais au pied
du mamelon qui fait face à celle-ci vers le Nord-
Est. Elle est beaucoup plus petite que la première. On y entrait par un arc à trois portes,
encore debout; l'avenue dallée à laquelle il
donne accès était bordée à droite et à gauche
de boutiques ou de chambres. On transporta
diverses statues qui gisaient, disent les inscriptions, au milieu des ruines. Une partie
de la ville avait donc été détruite ou abandonnée à la suite d'événements dont nous
ignorons le détail. Il n'est pas assuré, d'ailleurs, que ce forum nouveau ait été autre
chose qu'un lieu de marché.

Le théâtre de Khamissa a, sur celui de
Dougga, l'avantage d'avoir gardé son mur de
façade sur une hauteur de sept mètres. Les
gradins de la salle, du moins les vingt et une
premières rangées, sont, d'autre part, en ex-
cellent état de conservation; mais le sol de la
scène n'existe plus que sur une petite étendue;
là où autrefois s'appuyait un plancher, on ne
voit plus que les longues bandes de pierre sur
lesquelles il reposait; de même toute trace de
l'ornementation de la scène a disparu; par
contre, les dégagements et les loges, bâties en

grandes pierres de taille, ont réussi à échapper aux ravages du temps. Ces deux spécimens de théâtres romains, Dougga et Khamissa, se complètent donc très utilement l'un l'autre.

Mais voici, à côté du théâtre, un monument autrement original; on chercherait vainement le pareil dans toute l'Afrique romaine.

Les anciens croyaient que la Medjerda, la grande rivière de la Tunisie, prenait naissance à Thubursicum Numidarum; c'est ce qu'affirme Julius Honorius; et les Arabes, gardiens de cette tradition, sont persuadés que l'origine du fleuve est une source d'eau saumâtre, nommée Aïn-el-Ioudi, qui jaillit au milieu même de la ville. La vérité est que le ruisseau issu de l'Aïn-el-Ioudi est un des premiers affluents de la Medjerda qui, elle, naît dans le massif montagneux, un peu au Nord-Ouest de Khamissa. Il n'est point étonnant que, pour un si beau fleuve, les habitants de Khamissa aient voulu se mettre en frais et construire un nymphée, un bassin de réception, digne de lui.

Voici la description qu'a donnée tout récemment de ce nymphée un lettré algérien, un ami de nos ruines :

« Inattendues sur les hauts plateaux, et plus

KHAMISSA. — LE THÉATRE

KHAMISSA. — LE NYMPHÉE

encore dans la désolation de ces ruines, deux
vastes pièces d'eau vive qu'agite à peine un
souffle de brise reflètent paisiblement l'azur du
ciel, la ligne continue des quais qui les en-
cadrent, les vestiges de pierres dorées par le
temps qui se dressent, de ci de là, sur leurs
bords, et nous-mêmes, curieusement penchés
sur ces ondes transparentes. L'une des pièces
d'eau est sensiblement rectangulaire, et sur
l'un de ses côtés, l'on discerne tout d'abord
deux sortes de chambres d'eau d'égale dimen-
sion, que partage une épaisse muraille en
pierre, terminée par un gros pilastre, et qui
s'appuient sur le flanc de la colline du fort
byzantin, à quelques mètres du théâtre ; au fond
de chacune des deux pièces de ce nymphée,
une sorte de niche hémisphérique se creuse
dans la muraille, sans aucun doute destinée
autrefois à s'orner d'une statue, et l'on aperçoit encore sur les parois de ce curieux édifice, où s'abrite une source d'eau vive, la trace
d'enduits qui permettent de reconstituer la
richesse de son ornementation : jadis, en effet,
il était orné de marbres, décoré de sculptures
et de moulures, peut-être aussi de peintures,
et solennellement précédé d'un portique, au-

jourd'hui disparu, qui s'avançait jusque sur le bord même de la grande pièce d'eau.

Silencieuse encore maintenant, comme peut-être depuis seize siècles, l'eau monte en bouillonnant dans chacune des chambres du nymphée et murmure sur les débris de pierres dont s'encombre son parcours jusqu'à la grande pièce d'eau dont elle ride à peine la surface sur l'extrême bord. De ce premier bassin, à travers une curieuse digue faite de neuf gradins descendants sous lesquels une vanne restée en place retient à volonté ou laisse passage aux eaux, celles-ci se déversent dans un second bassin en contre-bas, beaucoup plus large que le premier et terminé par un vaste demi-cercle outrepassé, qu'enserrent des quais moulurés encore intacts, au travers desquels, à l'extrémité, par une seconde vanne, les eaux dévalent avec un joyeux murmure et vont former plus bas un ruisselet fuyant vers le pied des collines, à travers les bouquets d'arbres verdoyants qui suivent son cours dans la plaine... Dans cet ensemble de constructions, nymphée, fontaines et bassins, d'une conception si grande si harmonieuse et si intime, édifiées autour de la source d'un fleuve, et

qui font penser à quelque temple élevé à la
Divinité des Eaux, à la Nymphe de la Fontaine
en même temps qu'au Génie du Fleuve, on
ne peut s'empêcher de voir l'une des manifestations les plus curieuses, les plus tou-
chantes et les plus magnifiques de l'âme romaine, si naturellement solennelle, si portée
aux vastes ensembles décoratifs qui affirment
la conscience qu'elle a de sa suprématie, et
la montrent non seulement s'annexant avec
la sérénité de sa force les villes et les peuples,
mais encore s'appropriant la nature elle-même,
asservissant jusqu'aux fleuves, pour les parer
de ce vêtement somptueux d'édifices qui les
feront en quelque sorte participer de sa propre splendeur et témoigner à la face du monde
de sa puissance et de sa richesse. »

Je ne signale qu'en passant un arc de
triomphe et des thermes, en tout semblables
à ce qu'on peut voir ailleurs; et les deux for-
teresses d'époque byzantine. L'une est établie
autour du forum nouveau qu'elle englobait
pour en faire une enceinte retranchée; l'autre
sur le mamelon qui domine le théâtre; elle
n'a pas quinze mètres de côté. La grande citadelle qui existait dans la ville voisine de Ti-

pasa, aujourd'hui Tifech, suffisait à la protection de la région.

Les historiens anciens ne nous ont presque rien dit de Thubursicum Numidarum, de ses vicissitudes, de son existence aux quatre premiers siècles de notre ère ; nous ne savons guère, pour cette période, que ce que nous racontent les ruines et les inscriptions. Le seul renseignement que nous possédions pour la période suivante, nous le devons à St Augustin. A cette époque l'Église d'Afrique était divisée par un schisme, celui des Donatistes ; les dissidents, au lieu de se maintenir sur le terrain dogmatique, en étaient venus à exercer des violences matérielles contre les Catholiques ; des fauteurs de troubles, des pillards nommés Circoncellions, profitèrent de l'occasion pour s'unir à eux ; les esclaves, les colons, les petits propriétaires, ruinés par les malheurs de l'époque se soulevèrent et devinrent la terreur des populations paisibles ; ils assommaient tous ceux qu'ils rencontraient au cri de : *Deo laudes !* « Quand ils ne tuaient pas, dit M. Monceaux, ils torturaient leurs victimes avec une cruauté féroce, avec des raffinements de barbares : coupant des bras ou des mains, arrachant la

langue, crevant les yeux. Ils cherchaient surtout
à rendre aveugles les malheureux qui tombaient
en leur pouvoir. Pour cela, ils imaginèrent de
couvrir les yeux du patient d'une couche de
chaux brûlante ; comme plusieurs de leurs
victimes avaient recouvré la vue, désormais ils
ajoutèrent à la chaux du vinaigre. »

St Augustin s'employa à rétablir la paix
religieuse, si gravement compromise ; il semble
avoir trouvé dans les gens de Thubursicum
Numidarum des adversaires assez enclins à une
entente ; c'étaient, dit-il, des hommes pacifiques,
assez tolérants et sincères. Il s'aboucha donc
avec eux et avec leur évêque Fortunius. Voici
ce qu'il écrivait à quelques-uns d'entre eux :
« Pour Fortunius, qui est votre évêque à Thubursicum, j'ai éprouvé, en traversant la ville à la
hâte pour me rendre à Cirta, qu'il avait tout à fait
les sentiments que vous m'aviez bienveillam-
ment annoncés. Je lui avait fait part de votre
témoignage en sa faveur, je lui avais exprimé
le désir de le voir ; il ne s'y est pas refusé. Je
suis donc venu vers lui, parce que c'était une
déférence que je devais à son âge et que je ne
pouvais pas exiger qu'il vînt à moi. Je suis allé
le trouver escorté de nombreux compagnons,

qui, à ce moment, s'étaient agrégés à moi. Nous nous assîmes l'un et l'autre pour causer ; le bruit s'en répandit aussitôt et une foule nombreuse arriva. Mais dans cette multitude il était évident que fort peu étaient capables de discuter utilement, que fort peu avaient le désir de débattre une question aussi importante avec prudence et piété. Les autres étaient venus pour assister à notre conversation, comme on vient au théâtre voir le spectacle, et non point comme la dévotion chrétienne conduit à une instruction salutaire. Aussi ne pouvaient-ils, ni nous accorder le silence, ni parler avec moi posément, ou du moins sans excès et méthodiquement, excepté, ainsi que je l'ai dit, de rares assistants dont les intentions semblaient simples et religieuses. Chacun se laissait emporter aux mouvements désordonnés de son âme ; c'était un bruit affolant ; et jamais nous ne pûmes obtenir, ni lui, ni moi, par nos prières ni même par nos objurgations, que l'on fît un peu de silence. »

Il est piquant de replacer cette scène dans son milieu et de se représenter par l'imagination, parmi ces ruines éparses, dans quelque maison, la discussion des deux pasteurs contrariée et interrompue par les manifestations bruyantes des curieux. Ils durent, d'ailleurs, l'interrompre et finirent par se réfugier, pour une nouvelle conférence, dans une villa voisine de Khamissa, où ils espéraient un peu plus de tranquillité et de recueillement.

De cette époque nous n'avons gardé sur le terrain aucun souvenir de quelque importance ; les deux humbles chapelles qu'on y a remarquées, sont, en vérité, tout à fait dénuées d'intérêt.

Djemila, la « Sémillante » dit celui qui l'a fouillée le premier, vers 1885, l'ancienne *Cuicul*, « est située sur la voie antique qui reliait Constantine à Sétif, au fond d'un enchevêtrement de montagnes, chevauchant de l'Est à l'Ouest. Deux torrents au lit blanchi, semés de blocs erratiques, délimitent à l'Ouest le promontoire sur lequel la ville est assise, puis, confondant leurs eaux, sillonnent à perte de vue la vallée de leurs innombrables détours. La mechta, village indigène, occupe l'extrême pointe du plateau qui domine le confluent, sur les ruines mêmes de l'acropole. On distingue, parmi les gourbis entassés pèle-mème, des traces de substruction du grand temple de Jupiter, Minerve et Junon. Un fragment de soubassement intérieur garde encore en place quelques bases de colonnes. Là, chaque soir, des Arabes, comme d'un poste d'observation, viennent contempler le soleil à son déclin. A la suite du village est un espace libre, ombragé de grands arbres, où traînent des fûts de colonnes, des pierres debout, des pans de murailles. Dans un angle formé par une ruine en pierres de taille, le thaleb ou maître d'école, réunit les garçons à l'ombre d'abricotiers dans les branches desquels serpentent des vignes. Là, durant de pleines matinées, les jeunes arabes chantonnent avec monotonie des versets du Coran, qu'eux ni leur maître bien souvent ne comprennent. »

Le service des Monuments historiques de l'Algérie s'est mis cette fois encore à l'œuvre[1]. Pourquoi faut-il, hélas, que pour atteindre le sol antique on soit obligé de jeter à terre ces arbres touffus et bienfaisants qui faisaient naguère la parure de ce coin pittoresque !

Sa situation sur la route d'Alger à Constantine lui valut d'être visité en 1839 par le duc

---

1. Le chef des travaux est M. de Crésolles; c'est M. Alb. Ballu qui les dirige.

DJEMILA. — UNE RUE

DJEMILA. — UNE RUE

d'Orléans ; il s'y arrêta quelques jours, après après avoir forcé le passage des Portes de Fer ; il semble que les ruines aient fait sur lui une grande impression. Les *Récits de Campagne* en témoignent. Il y a écrit : « La domination romaine est morte ici, mais son squelette est entier et en l'étudiant, on voit ce que fut pendant sa vie ce colosse que rien n'a pu faire oublier, depuis le temps où il a disparu du monde, et que nous tentons vainement de parodier ici. » Et encore : « Ces ruines sont les plus curieuses de toute la Barbarie parce que c'est presque la seule ville considérable qui n'ait pas été reprise par les Byzantins lorsqu'ils chassèrent les Vandales ; aussi n'y a-t-il point de mélange de construction du Bas-Empire comme à Guelma et dans toutes les autres ruines de ce pays-ci... Aucune population ne s'y était établie depuis, et, les musulmans ne touchant jamais à rien, cet endroit est resté une sorte d'Herculanum non exploité qui offrirait des mines inépuisables à la science. » On serait tenté de trouver cet éloge exagéré.

Il est vrai que les ruines avaient fourni au prince l'occasion de faire des découvertes archéologiques : « Je choisis deux chapiteaux,

deux médailles qu'un soldat vient de déterrer
et une colonne dont le bout seul sort, pour qu'on
me les envoie à Paris. J'indique l'endroit où je
veux que l'on gratte la terre pour m'y trouver
encore quelques objets et avec le talon de ma
botte, je découvre une mosaïque qui n'avait pas
encore été remarquée ! »

Pour mettre au jour ce que nous voyons
maintenant, il nous a fallu recourir, nous qui ne
sommes pas des princes, à des instruments de
fouilles plus perfectionnés.

Commençons, ici encore, par le forum. On y
pénétrait par une porte monumentale, à une
seule baie, ornée à droite et à gauche de deux
niches, aménagées entre deux colonnes corinthiennes dégagées ; c'est le type ordinaire des
arcs élégants de l'Afrique romaine ; la partie
supérieure est à moitié écroulée. Les derniers
occupants du pays avaient bouché l'ouverture au
moyen de pierres assemblées tant bien que mal
et avaient consolidé ce mur de fortune par un
contrefort. Le duc d'Orléans avait conçu pour
cet arc de triomphe un enthousiasme qui sur-
prend un peu et médité un projet non moins
étonnant : « Les pierres, d'un beau ton jaune
doré, donnent à ce gracieux monument une

DJEMILA. — L'ARC DE TRIOMPHE AVANT LES FOUILLES

DJEMILA. — L'ARC DE TRIOMPHE

DJEMILA. — TABLE DE MESURES - ÉTALONS

couleur riche que fait encore ressortir la sombre
verdure des caroubiers et des trembles qui l'entourent. Je compte demander qu'on numérote
toutes les pierres de l'arc de triomphe et qu'on
le transporte à Paris, comme souvenir de la
conquête de l'Afrique par l'armée, en inscrivant
dessus :

L'ARMÉE D'AFRIQUE A LA FRANCE

Ce serait certes, le plus beau trophée que
nous puissions rapporter de l'immense pays que
la fortune des armes nous a soumis et, en voyant
sur une des places de la capitale ce chef-d'œuvre
du peuple que nous devons ici prendre comme
modèle, ceux qui ont dépensé dans ce difficile
pays leur sang, leurs sueurs ou leur santé,
passeraient avec orgueil.

Cela ne serait pas aussi difficile qu'on peut le
croire et beaucoup plus facile que pour l'obélisque de Louqsor. Par la plaine des Abd-el-
Nour, des mulets apporteraient les pierres à
Constantine, et de là, à Philippeville, la grande
route pour les voitures est excellente. Cent
mille Français qui, depuis neuf ans, ont porté
les armes en Afrique, conquis un royaume entier, construit deux cent lieues de routes, bâti

d'immenses établissements, supporté des fatigues et des privations inouïes et servi toujours avec dévouement une patrie peu reconnaissante seraient fiers de retrouver au milieu d'eux un souvenir de leurs travaux. »

Heureusement, cette singulière idée resta à l'état de projet. Transporté à Paris cet arc eût fait, vu sa petitesse, assez piètre figure ; il vaut mieux qu'il soit demeuré à sa place au milieu des édifices proportionnés à sa taille.

Le forum est une vaste place dallée. Sa surface va en s'évasant dans la direction du Nord. On y a trouvé, sur la face occidentale, une grande fontaine, précédée d'un double bassin et une longue colonnade avec exèdre demi-circulaire ; sur la face orientale, à la suite de quelques constructions encore mal définies, dont l'une doit être la curie, s'élève un très beau temple. La plate-forme où il se dresse mesure près de 35 mètres de largeur sur 40 mètres de profondeur ; on y accédait par un perron monumental ; des portiques l'encadraient de chaque côté. Ce devait être un monument d'aspect très imposant. Une grande partie de la *cella* est encore debout ; on a pu la compléter avec les pierres qui gisaient au pied. Sur la face antérieure ré-

DJEMILA. — LE TEMPLE

DJEMILA. — LE FORUM

gnait une belle inscription en quatre lignes :
elle nous apprend qu'il était dédié à la famille
des Sévères. Septime Sévère avait, on le sait,
vu le jour en Tripolitaine ; il couvrit l'Afrique
du Nord de bienfaits et l'embellit de monuments ;
sa popularité y était immense. Honorer sa famille, l'adorer, c'était, en quelque sorte, adorer
l'Afrique, maîtresse du trône impérial.

On sortait du forum vers le Nord-Ouest par
deux portes, et l'on trouvait devant soi deux
longues rues bordées de constructions diverses,
des maisons aux salles pavées de mosaïques,
des temples enfermés dans des cours entourées
de murailles, une basilique bâtie au temps de
Marc Aurèle, un Capitole, précédé d'une grande
place, encore à déblayer : tout cela construit
avec un soin extrême, en pierres soigneusement
appareillées, dans des proportions harmonieu-
ses. Quand ce quartier aura été mis entièrement
au jour, on possèdera un des ensembles les
plus flatteurs à l'œil que l'Algérie ait assurément produit.

De l'autre côté de la ruine existe, là aussi, un
grand théâtre. « On y pénètre, notait M. Mil-
voy en 1885, par escalade en suivant une sente
encombrée de pierres et de ronces. Taillé à

même la colline, sur le versant du ravin nord, il présente l'aspect habituel d'une demi-cuvette aboutissant en bas du talus à un plateau. Une épaisse rangée de grenadiers, aux fleurs d'un rouge vif, cercle le haut du monument. Les remblais qui cachent les gradins sont abrités par des ormes et des abricotiers. L'entrée latérale ouest devant la scène est encombrée de gradins éboulés sous le passage des eaux folles. D'une baie dans le mur de la clôture haute débouche à certaines heures un ruisselet d'irrigation qui bondit en cascatelles gazouillantes sur les marches mêmes d'un escalier et va baigner le pied des arbres de la *cavea*. L'emplacement de l'orchestre et de la scène, enfoui sous un linceul de terres et de débris de trois à quatre mètres d'épaisseur est planté de figuiers. » Malgré quelques coups de cognée donnés dans ce jardin et quelques déblais opérés surtout à l'emplacement de la scène, cette ruine est encore un régal pour les yeux, surtout quand le printemps y sème les herbes folles dans l'interstice des pierres et les fleurs de toutes les couleurs, comme en un somptueux tapis d'Orient.

Djemila n'a pas encore fourni beaucoup de

sculptures; quelques débris avaient été rapportés vers 1840 par le commandant Delamare au Musée du Louvre : ils sont conservés dans la salle africaine. D'autres, trouvés récemment, ont été transportés au petit musée établi à l'entrée des ruines. Une belle statue vient d'une maison fouillée en 1878. « Elle était enfouie à trois mètres sous terre, sur le sol dallé en mosaïques, d'un grand bâtiment rectangulaire adossé à la colline qui domine le Nord-Ouest de la ville et composé de six chambres disposées à angle droit autour d'une cour carrée de 8 mètres de côté... Elle est taillée dans un seul bloc de marbre blanc, avec un socle. Elle était absolument intacte au moment de la découverte; l'extrémité du nez a été cassé quelques jours plus tard par des enfants qui l'avaient prise pour cible. » Actuellement elle est placée dans une niche, au palais de la Division de Constantine. La figure est celle d'une femme enveloppée tout entière dans un long voile ; la chevelure surmontée d'une couronne de tresses à trois étages caractérise l'époque des Antonins. On a voulu y voir le portrait de Faustine, femme d'Antonin le Pieux; ce n'est sans doute qu'une personne de condition moins noble, quelque grande dame africaine.

*
* *

Quelle conclusion historique convient-il de tirer de cette promenade à travers trois grandes villes de l'Afrique romaine? et que nous apprennent ces ruines sur l'œuvre des Romains dans le pays ? Il me semble qu'on ne saurait hésiter. Elles nous prouvent à l'évidence que l'annexion des provinces africaines par Rome a été singulièrement heureuse pour la civilisation. De cette série de monuments que nous avons rencontrés successivement résultent nettement deux faits : que ces grandes cités, autrefois berbères ou phéniciennes, n'ont pas hésité à s'habiller à la romaine : elles ont eu leurs forums, leurs basiliques, leurs théâtres, leurs temples, copiés sur les monuments de même sorte que possédaient la capitale et les grandes villes de l'Italie, ornés des mêmes chapiteaux, des mêmes colonnes, embellis de statues semblables sinon identiques; mais, en même temps, elles ont tenu à garder des souvenirs de leur existence antérieure à la conquête. A Dongga, c'est un sanctuaire de Tanit, élevé sur un plan absolument original, un sanctuaire de Baal, jalousement entretenu pendant toute la durée de l'Empire ; à Khamissa, à Djemila, ce sont des tables de mesures-étalons conformes à un système métrique non romain, ce sont des stèles funéraires ou votives, décorées de sujets très particuliers, de représentations étrangères aux usages des vainqueurs.

Et ceci est une leçon que toutes les puissances colonisatrices à toutes les époques, dans tous les pays, ont intérêt à méditer.

Les Phéniciens et les Berbères avaient leur façon à eux de comprendre la famille, la vie de chaque jour, la sépulture ; les Romains les laissèrent libres de s'y conformer ; ils étaient habitués à leurs magistrats, sufètes ou autres ; ils purent les garder ; et les centres nouveaux qui se formèrent, çà et là, grâce à l'accroissement de la population, naquirent d'abord sous la forme de municipalités puniques ou libyques.

Mais les plus intelligents et les plus éclairés s'aperçurent assez vite qu'il allait de leur intérêt de se relier plus étroitement au conquérant, d'entrer dans la grande famille romaine, de substituer à une indépendance assez stérile, en somme, une fusion plus étroite avec le gouvernement central. Se rapprocher du citoyen romain était s'arroger déjà quelque chose de sa dignité et de ses droits. Tout l'effort de ces promoteurs tendit dès lors vers ce but. Peu à peu l'idée progressa : des individus elle gagna les masses; au bout d'un siècle de soumission, l'Afrique aspira à devenir romaine ; au bout de deux, elle l'était devenue dans la limite de ses besoins et de ses facultés. Ce n'étaient pas les Romains qui l'avaient transformée; elle s'était transformée d'elle-même, elle était venue spontanément vers son conquérant, comme vers celui dont elle avait tout à espérer, rien à redouter. Il en résulta une conséquence digne de notre attention. Sous un régime oppresseur, l'esprit africain, se serait affaibli et aurait perdu beaucoup peut-être de son originalité, de sa puissance. La modération de Rome produisit un effet opposé. Grâce à la paix qui régna presque sans accidents graves pendant deux cents ans, à l'abri de la protection et de la civilisation italiennes, derrière cette façade officielle qui est de construction ou plutôt de tradition romaine, cet esprit se développa librement. Alors que l'Afrique était carthaginoise ou numide, il n'avait point pu atteindre toute sa puissance, ni se répandre dans tout le pays ; il y arriva sous l'empire romain.

Bien plus, ce furent les Africains eux-mêmes, transformés en pseudo-romains, qui se chargèrent de gagner à la civilisation nouvelle les parties encore barbares de l'Afrique du Nord. De leur pays sortirent les pionniers bénévoles que Rome rencontra pour porter plus avant, avec le respect de son nom, le reflet de son esprit. Sa politique de large tolérance fit plus pour l'extension de sa puissance que les plus brillantes victoires.

LE ROLE RELIGIEUX DES FEMMES
DANS L'ANCIENNE ROME

PAR

René PICHON

Une des illusions contre lesquelles l'historien
des mœurs ou des idées doit le plus énergi-
quement se défendre est celle qui le pousse à
considérer en bloc le peuple dont il décrit l'état
ou dont il retrace les changements, comme si
tous les éléments qui le composent étaient, à
chaque moment de la courbe parcourue, identiques les uns aux autres. Tout au contraire,
dans le vaste mouvement qui entraîne une société, les divers groupes ne marchent point du
même pas, ni peut-être dans le même sens.
Par exemple en ce qui concerne les croyances
religieuses de la vieille Rome, il n'y a pas
« une » évolution, mais plusieurs, autant, je
ne dis pas que d'individus, mais que de catégo-

ries d'individus : il y a l'évolution des patriciens et celle des plébéiens, celle des esclaves et celle des citoyens libres, celle des hommes et celle des femmes. Cette dernière, en général, est assez négligée, et je conviens très volontiers qu'elle n'est pas aussi importante que celle des hommes. Ceux-ci comptaient seuls officiellement dans l'État; c'est eux qui ont fait l'histoire romaine, et il est tout naturel que l'on cherche avant tout ce qu'ils pensaient des choses religieuses. Cependant eux-mêmes ont dû subir l'action de leurs compagnes; elles ont été pour quelque chose, elles aussi, du moins indirectement, dans la vie de Rome, et par conséquent leurs opinions et leurs sentiments, qui n'ont pas été sans influence sur les destinées de la cité latine, ne sauraient être passées sous silence. Qu'étaient ces opinions ? dans quelle mesure l'activité morale et matérielle des femmes était-elle régie par des principes religieux, et par quels principes ? Quel rôle ont-elles joué dans le culte, dans le maintien, la propagation ou la transformation de telles ou telles croyances ? Qu'est-ce que la religion a été pour elles et qu'est-ce qu'elles ont été pour la religion ? Voilà les problèmes, — non pas entièrement nouveaux, certes, mais peut-être insuffisamment précisés, — que je voudrais aborder ici.

I

Il est d'abord nécessaire de remonter à la religion primitive et nationale de Rome, à cette vieille religion qui a marqué d'une si forte et si originale empreinte la société latine, qui a bien pu, à une certaine date, perdre sa vivante efficacité, être supplantée par la philosophie et par les cultes exotiques, mais dont les rites n'ont jamais cessé d'être observés jusqu'à la fin de l'Empire, et dont les souvenirs ont toujours possédé un glorieux prestige. Dans cette religion, quelle place était assignée à la femme ?

Sur ce point nous rencontrons chez les historiens modernes, deux tendances opposées. Les uns (et c'est une opinion qui, pour avoir été répétée dans maints livres de vulgarisation, a fini par se répandre dans le public lettré), les uns disent que les femmes n'avaient presque aucune part à l'activité religieuse de la Rome archaïque, que la religion ne s'occupait pas d'elles, et que c'est pour cela qu'elles se sont si vite et si ardemment tournées vers d'autres cultes quand elles ont pu les connaître. D'autres, comme M. Boissier, dans son livre sur la *Religion romaine d'Auguste aux Antonins*, ne croient pas du tout qu'elles aient jamais été dédaignées, ni que la rancune d'une situation inférieure soit pour quelque chose dans leur zèle pour les cultes nouveaux : ils rappellent toutes les cérémonies auxquelles les matrones assistaient, les fonctions liturgiques dont elles étaient revêtues, les honneurs qui leur étaient rendus en vertu de règles sacrées, et ils arrivent à les placer tout à fait au premier rang du monde romain, pour ce qui est des choses religieuses, côte à côte avec leurs pères ou leurs maris. Il y a du vrai, je crois, dans ces deux conceptions, à la condition qu'on ne les exagère pas et qu'on les complète l'une par l'autre. Une comparaison bien simple nous aidera à comprendre comment elles peuvent se concilier. Ne regardons pas encore la vie religieuse, mais seulement la vie matérielle. des premiers temps de Rome : dans une maison patricienne, par exemple, la femme compte certainement pour beaucoup ; elle a de nombreuses et importantes attributions ; c'est elle qui veille aux approvisionnements, à la propreté de l'édifice, au travail des esclaves ; elle règne en même temps que son mari. Mais elle règne par lui, comme une sorte d'intendante ou de femme de charge, elle n'exerce son commandement que par une délégation de l'autorité du maître; elle lui en doit compte, et, si elle en use mal, il peut la congédier en lui « redemandant les clefs », c'est la formule officielle de la procédure primitive du divorce. Ainsi donc, une action considérable, mais non autonome, voilà ce que les mœurs anciennes attribuent à la femme dans l'existence familiale. Cette définition est vraie aussi de son intervention dans le culte : elle y a un rôle important et non indépendant, un rôle inférieur et auxiliaire, qui n'est pas égal et encore moins pareil à celui de l'homme, bien qu'il en soit le complément indispensable.

Pour nous en assurer, n'oublions pas de faire une distinction commandée par la réalité historique. La religion primitive, on le sait, a deux sanctuaires, aussi sacrés l'un que l'autre, le foyer et le temple. Il faut les envisager tous les deux, et le foyer en premier lieu, puisque c'est sur le modèle de la religion familiale que s'est organisée celle de l'État. Suivons donc la matrone des premiers siècles, d'abord à l'autel domestique, puis à l'autel public.

Sa participation au culte du foyer porte un double caractère de nécessité et de subordination, qui a été admirablement mis en lumière par Fustel de Coulanges dans la *Cité antique*. Ce culte ne peut exister, au moins d'une existence parfaite et intégrale, sans la collaboration de la femme. Comme il est avant tout fondé sur la perpétuité de la famille, sur la solidarité entre les ancêtres et les descendants, on comprend que celle par qui est assurée la survivance de la race soit étroitement associée à toutes les cérémonies domestiques. Elle participe à l'accomplissement du rite divin, *rem diuinam facit*; elle veille à ce que le feu sacré soit toujours allumé et toujours pur; elle assiste à toutes les prières et à toutes les offrandes; elle va avec son mari vénérer les mânes dans leur tombeau. La religion, qui la punit très sévèrement si elle manque à ses devoirs, qui la condamne à mort en cas d'adultère (parce que l'adultère risque de fausser la pureté sacrée de la race, d'introduire dans la famille un intrus qui prendrait part au culte héréditaire sans en avoir le droit), cette même religion, en revanche, la protège tant qu'elle s'acquitte fidèlement de son ministère. Le mari n'a pas le droit de la répu-

dier sans accomplir une cérémonie exceptionnelle, effrayante et sinistre, au dire des historiens anciens. Et non seulement le divorce
est, pratiquement, rendu si rare par les lois
rituelles qu'il est presque impossible, mais ces
lois prohibent aussi le célibat : avoir un foyer
sans épouse, et par conséquent sans enfants, est
à la fois un malheur et un crime, que les vieilles
croyances font regarder comme ce qu'il y a de
plus épouvantable.

Le culte familial ne peut donc se passer de
la femme. Mais il ne s'ensuit pas que la femme
y ait une fonction équivalente à celle de l'homme.
La religion existe par elle, mais non pour elle :
elle y est un moyen, et non une fin. Son infé-
riorité par rapport à l'homme éclate aussi bien
dans les plus petits détails que dans les principes les plus essentiels. Ainsi la femme n'accomplit pas le sacrifice : elle prépare tout ce
qu'il faut pour qu'il puisse être célébré, elle est
à côté de celui qui le célèbre, mais c'est le chef
de famille seul qui a qualité pour faire l'offrande
exigée et prononcer les paroles requises. A vrai
dire, elle n'a pas de culte à elle : jeune fille,
elle adore les dieux mânes de la famille de son
père ; épouse, ceux de la famille de son époux.

Le mariage est en effet par essence une initiation de la jeune mariée à un culte différent de celui qu'elle avait pratiqué jusqu'alors, mais une initiation qu'elle n'est pas libre de refuser ni d'oublier. Elle n'a pas le droit de faire d'autres prières ou d'autres sacrifices que ceux auxquels la convie son mari, pas plus qu'elle n'a le droit d'avoir d'autres amis que les amis du maître de la maison. Elle ne peut même pas revenir aux rites de sa propre famille d'origine : en se mariant, elle a, si l'on peut dire, abjuré la religion de son enfance ; ces mêmes cérémonies, auxquelles naguère il aurait été sacrilège pour elle de se dérober, c'est d'y assister qui maintenant serait sacrilège, tant il est vrai que sa personnalité en tout cela compte pour rien, qu'elle n'existe qu'en fonction de l'homme, père ou époux, pour lui faciliter l'accomplissement de son sacerdoce et le maintien de son foyer. Au surplus, la chose n'a rien d'étonnant, puisque cette même dépendance se retrouve dans le domaine matériel, juridique ou économique. La femme romaine des premiers siècles n'est jamais sa maîtresse ; ses biens et ses actes sont toujours soumis à la tutelle ou de son père, ou de son mari, ou de ses agnats ; elle ne possède rien, elle ne se possède même pas elle-même : comment pourrait-elle posséder une religion ?

Voilà comment nous apparaît le rôle religieux de la femme dans la maison, très considérable si l'on songe que sans elle c'est le culte même qui serait aboli, très inégal à celui de l'homme, puisque l'homme seul est prêtre, et que la femme n'est que sa servante. Il serait bien surprenant qu'il en fût autrement dans le culte de l'Etat, car l'Etat n'est au fond que la famille agrandie, et toutes les croyances, plus ou moins instinctives, qui ont façonné l'une, ont mis aussi leur empreinte sur l'autre. Et de fait, là encore, nous allons trouver les femmes investies de fonctions importantes, mais strictement soumises à l'autorité masculine.

Nous savons par exemple que dans certaines cérémonies, celles qu'accomplit le flamine de Jupiter, celles qui sont célébrées par les curions, etc., le prêtre a auprès de lui, pour le servir et l'aider, des jeunes gens des deux sexes qui portent le nom de *Camilli* et *Camillae*. Ces enfants doivent répondre à certaines conditions : être d'âge encore impubère, être de naissance libre (et même, à l'origine, de naissance patricienne), être issus de parents mariés religieusement par confarréation, avoir encore leur père et leur mère tous deux vivants. Il est facile de reconnaître qu'ils remplissent dans les sacrifices publics exactement les mêmes attributions que les enfants de la maison dans les sacrifices privés. Ils sont les fils et les filles de cette famille fictive qu'est la cité. Par conséquent le rôle des *Camillae* auprès du *flamen dialis* correspond trait pour trait à celui des jeunes filles auprès du *pater familias*, et ce que nous disions tout à l'heure de celles-ci est également vrai de celles-là.

D'autres femmes, plus âgées cette fois, des matrones, remplissent une mission plus considérable et plus active que les *camillae*, mais, remarquons-le bien, à titre d'épouses, et par conséquent d'auxiliaires, de certains prêtres. Il en est ainsi pour la femme du roi des sacrifices, ce fonctionnaire à la fois si auguste et doué de si peu de pouvoir, que le formalisme romain a établi après l'expulsion des rois pour s'acquitter de certains sacrifices qui ne pouvaient valablement être offerts que par un « roi ». La *regina sacrorum*, aux calendes de chaque mois, préside à l'immolation d'une brebis ou d'une truie en l'honneur de Janus, pendant que son mari fait la même offrande dans la *Curia Calabra*. Nous sommes très mal renseignés sur cette partie du culte : le peu que nous en savons est cependant intéressant, parce que, le *rex sacrorum* étant une survivance de l'antique royauté, nous sommes en droit de supposer que jadis la reine était associée aux prérogatives religieuses du roi. Rien de plus naturel, d'ailleurs : le roi étant le *pater familias* de l'Etat, la reine en est forcément la *mater familias*. Le célèbre axiome, *ubi tu Gaius ego Gaia*, trouve ici son application. On peut donc affirmer qu'aux temps primitifs la femme du roi, aussi bien que n'importe quelle femme de patricien, recevait comme une émanation du pouvoir religieux de son époux, la source de ce pouvoir demeurant, bien entendu, en l'homme seul. De ce couple sacerdotal et royal tout ensemble, le *rex* et la *regina sacrorum* présentent à l'époque républicaine une image en réduction.

Un autre sacerdoce, également très ancien et très vénérable, et auquel la femme est associée dans une certaine mesure, est celui du flamine de Jupiter, *flamen dialis*. Il est permis de conjecturer que ceux des autres flamines, *flamen martialis* et *flamen quirinalis*, offraient le même caractère, mais rien ne nous l'atteste : au contraire, nous avons d'assez nombreux renseignements sur la *flaminica dialis*, en particulier sur sa toilette, dont les moindre détails étaient scrupuleusement réglés, soumis à des prohibitions rigoureuses, survivances de très antiques superstitions. Ses cheveux, entrelacés de bandelettes de laine pourpre, étaient disposés en forme de pyramide : c'est ce que l'on appelle *tutulus*. Elle les recouvrait d'un voile de pourpre également, *flammeum*, le même que portaient les jeunes mariées dans la cérémonie nuptiale, et dont le rôle de consécration a été très bien défini par M. Salomon Reinach[1]. Elle portait également sur la tête une sorte de mouchoir, appelé *rica*, où était piquée une branche d'arbre, mais pas d'un arbre pris au hasard, d'un arbre de bon augure (*arbor felix*). Sa longue robe devait être faite de laine exclusivement, de laine pourpre selon toute vraisemblance ; toute agrafe ou lien d'une autre matière lui était interdit. Ses souliers étaient fabriqués avec le cuir

---

[1]. S. Reinach, *Cultes, mythes et religions*, tome I, p. 299 et suiv.

d'un animal immolé en sacrifice : la peau
d'une bête morte naturellement n'y aurait pas
pu convenir. Elle ne pouvait porter de hauts
talons. Dans certaines fêtes, telles que celles
des Argées, des Anciles et de Vesta, il lui
était défendu de peigner sa chevelure. Toutes
ces prescriptions minutieuses nous font remonter à une époque très lointaine, où telle
couleur, telle substance, telle forme, est répu-
tée sacrée, et pour tel culte en particulier.
Elles ont survécu, comme la plupart des rites,
dans une période où l'on n'en pouvait plus
comprendre le sens ni l'origine, mais où l'on
ne cessait pas de les observer consciencieu-
sement. — Nous savons moins de choses sur
les attributions de la *flaminica dialis* que sur
son costume. Plutarque dit qu'elle semble
être une prêtresse de Junon [1], et cette assertion a été reprise par des érudits modernes. Elle
n'est pourtant qu'une interprétation arbitraire,
présentée par Plutarque lui-même sous une
forme dubitative, et qui ne se fonde sur rien :
l'historien grec aura supposé que le couple du
flamen et de la *flaminica* représentait celui de

1. Plut., *Q. R.*, 86.

Jupiter et de Junon. Mais en réalité la *fla-minica* n'a pas le titre de prêtresse de Junon; elle est tout simplement la femme d'un prêtre, et c'est comme telle, uniquement comme telle, qu'elle est investie d'un certain pouvoir et astreinte à certaines obligations.

Bien plus célèbres que la *regina sacrorum* et la *flaminica dialis*, les vestales sont demeurées dans toute l'antiquité au premier plan de la religion romaine, et encore aujourd'hui elles en représentent, même pour le public profane, un des éléments essentiels. Toutes les règles imposées à leur collège, règles très strictes et très circonstanciées, s'expliquent aisément par des croyances fort anciennes, dont elles sont nées et auxquelles elles ont survécu. Ainsi, dans la formule de consécration, la jeune fille incorporée au collège des vestales est appelée par le grand pontife du nom d'*Amata*, quel que soit son nom réel. Les historiens latins expliquent cette anomalie par un prétendu fait historique : la première vestale se serait appelée Amata, et son nom se serait transmis à toutes celles qui lui ont succédé. Il est bien difficile de ne pas voir là une fable « étiologique » fabriquée après coup, et de ne pas rapprocher l'Amata de la formule et l'Amata de l'*Enéide*, femme du roi mythique Latinus, c'est-à-dire ancienne divinité du Latium, prise plus tard pour une reine. La toilette des vestales, comme celle de la *flaminica*, était soumise à de nombreuses prescriptions rituelles : elles étaient voilées et vêtues de blanc, le blanc étant la couleur de Vesta comme le rouge était celle de Jupiter et de Mars ; leur bandeau ou diadème, *infula*, avec les bandelettes qui en tombaient, *uittae*, est bien connu par les représentations figurées, et même par les œuvres d'art modernes. Je ne veux pas y insister longuement, non plus que sur tous les détails de l'organisation du culte : je voudrais retenir seulement ceux qui nous aident à comprendre, soit l'importance nationale de leur rôle, soit sa véritable nature.

Parmi les premiers, il faut placer tout d'abord leur nombre. Les historiens nous disent qu'elles étaient d'abord 4, et qu'il y en a eu ensuite 6 ; sur l'auteur de cette modification ils ne sont pas tout à fait d'accord, les uns en faisant honneur à Tarquin l'Ancien, les autres à Servius Tullius. Quoi qu'il en soit, une chose est certaine, c'est que ce nombre de 6 correspond à la division tripartite du peuple romain : il y a 6 vestales comme il y a tantôt 3, tantôt 6, tantôt 9 augures (toujours un multiple de 3), parce qu'il y a 3 tribus, les *Tities*, les *Ramnes* et les *Luceres*. Sans doute les *Luceres*, à l'époque de Numa, n'étaient pas représentés dans le culte de Vesta, et c'est pour leur y faire une place que l'un des rois qui symbolisent la domination étrusque aurait ajouté 2 vestales au collège primitif. Plus tard, beaucoup plus tard, à la fin du IVe siècle après Jésus-Christ, il y a eu 7 vestales au lieu de 6; ce changement s'est opéré probablement sous l'influence des superstitions mystiques ou astrologiques, pour lesquelles le septénaire était un nombre sacré : au point de vue vraiment romain, il constitue un contre-sens absolu. — Comme leur nombre, leur recrutement n'est pas non plus chose indifférente : il évolue dans le même sens que la société romaine elle-même. A l'origine, elles ne sont prises que parmi les patriciennes, et c'est tout naturel puisqu'il n'y a que les familles du patriciat qui comptent véritablement dans l'État. Puis, les plébéiennes sont admises dans le collège de Vesta, à peu près en même temps sans doute que les plébéiens voient s'ouvrir pour eux l'accès du consulat et des autres magistratures. Enfin, sous

Auguste, les filles d'affranchis elles-mêmes peuvent devenir vestales. Cela peut nous étonner à première vue ; il peut nous sembler que ce prince, si zélé pour la restauration des anciennes traditions et pour la gloire de l'aristocratie sénatoriale, aurait dû restreindre plutôt qu'élargir le recrutement d'un sacerdoce aussi considérable. Pourtant il l'a élargi, probablement parce qu'il ne se sentait pas le droit d'exclure des familles dont l'importance sociale était devenue évidente. — Les vestales représentent donc bien le peuple romain tout entier, et c'est pour cela qu'elles sont les dépositaires de sa « majesté ». Le licteur qui les précède, leur préséance sur les consuls, leur droit de se promener en char, seules entre toutes les femmes de Rome, les places qui leur sont réservées aux jeux, leur faculté d'administrer elles-mêmes leurs biens sans aucune tutelle, leur exemption du serment judiciaire, leur prérogative de sauver les condamnés à mort par leur rencontre fortuite, l'habitude qu'on avait de leur confier les testaments importants (ainsi en fut-il pour le testament d'Auguste), tous ces privilèges, et bien d'autres, nous les font apparaître comme de vivantes incarnations de l'État romain dans toute sa dignité, dans tout son prestige.

Pourtant ce prestige ne doit pas nous faire illusion. Le rôle des vestales est éclatant, mais c'est encore un rôle subordonné. Libres de toute tutelle humaine, laïque comme nous dirions, elles sont soumises à la tutelle du grand pontife : il a le droit de les battre de verges si elles laissent éteindre le feu sacré, de les condamner à mort si elles violent leur vœu de chasteté. Elles ne sont pas, à proprement parler, des prêtresses : elles n'offrent pas de sacrifices, elles ne président à aucune cérémonie. Leurs attributions sont du même genre que celles de la matrone dans la maison : elles entretiennent le feu conformément aux rites obligatoires ; elles arrosent le temple avec de l'eau d'une source sacrée ; elles le parent de laurier ; elles fabriquent le gâteau d'épautre qui sera utilisé dans le culte, la *mola salsa* ; elles assistent aux prières et aux sacrifices, mais toujours en sous-ordre. Cela ressemble beaucoup à ce que nous avons observé au foyer domestique pour les femmes et les filles des *gentes* patriciennes.

Et voici qui précise l'analogie, surtout avec les femmes. Tout se passe comme si les vestales étaient les épouses d'un dieu. Ce dieu, par l'intermédiaire du grand pontife, les « prend », *capit*, et, au début du moins, il prend qui bon lui semble. Plus tard, en vertu d'une loi Papia d'ailleurs mal connue, on effectue un tirage au sort ; on admet aussi le don volontaire que certains pères peuvent faire de leurs filles. Mais le verbe *capere* subsiste toujours dans la formule : le dieu n'accepte pas, ne reçoit pas, il prend. Il prend les plus belles et les plus saines des jeunes filles du pays ; les aveugles, les sourdes, les infirmes, toutes celles qui ont une tare physique, sont impropres au culte ; et celles qui, une fois choisies, tombent malades, sont exclues du temple et soignées chez des particuliers. L'âge d'entrée dans le collège est compris entre 6 et 10 ans : c'est l'âge habituel des fiançailles. La jeune fille prise comme vestale coupe sa chevelure, mais cet acte, qui est accompli une seule fois et non renouvelé, n'est pas du tout, comme chez nos religieuses, une mortification, un symbole d'ascétisme et un effort d'enlaidissement volontaire : c'est une offrande, un rite de consécration. On expliquerait aisément, par l'idée d'un mariage entre le dieu et sa servante, la chasteté imposée à celle-

ci ; on expliquerait également ce qui a surpris
quelquefois les historiens modernes, le caractère temporaire de ce vœu de chasteté, aussi
bien que du sacerdoce lui-même. On sait en
effet que le service d'une vestale est limité à
30 ans : pendant les 10 premières années elle
apprend son métier, pendant les 10 suivantes elle
l'exerce, pendant les 10 dernières elle l'enseigne
à ses jeunes compagnes ; après quoi elle est
exaugurata, désaugurée ; elle peut rentrer dans
la vie privée et se marier. Les polémistes chrétiens se sont fort égayés de cette permission ;
Prudence oppose à la pureté perpétuelle des
vierges chrétiennes la chasteté provisoire de
celles du paganisme. En fait, il semble bien que
les vestales aient rarement profité de la faculté
de « sécularisation » qui leur était octroyée :
elles n'étaient plus jeunes, elles ne pouvaient
que difficilement s'adapter à un genre de vie
tout nouveau ; le respect religieux qui s'atta-
chait à leurs personnes malgré tout, devait effa-
roucher les prétendants, que leur âge au surplus
ne pouvait pas beaucoup attirer. Mais enfin, au
regard du culte, elles étaient libres. L'on se
tromperait beaucoup, à mon sens, en attribuant
cette libération à une pensée d'indulgence, de

charité, envers les vestales fatiguées. Rien n'est moins conforme à l'esprit des cultes primitifs. Non, il est probable que si le dieu les renvoyait au bout de 30 années, c'était pour lui et non pour elles; elles avaient cessé de lui plaire, il n'en avait plus besoin, il les congédiait, et voilà tout. En somme, que l'on regarde de près la manière dont les vestales entrent dans le sacerdoce, la façon dont elles s'y conduisent ou celle dont elles en sortent, on est conduit à se les représenter comme des épouses-servantes (les deux choses étant à peu près identiques en cette époque lointaine) d'un dieu impérieux et jaloux.

Cette conception ne saurait nous étonner si nous songeons que le feu est très souvent considéré dans les vieux cultes latins comme un dieu masculin. Il est quelquefois adoré sous le nom de Caeculus. Il possède si bien la nature virile que c'est à lui, à une de ses étincelles, que la légende attribue la naissance merveilleuse des héros primitifs : Romulus, Servius Tullius, sont souvent donnés comme les fils de vierges fécondées par le feu. Quoi de surprenant qu'à ce dieu igné le peuple romain soit tenu de fournir six compagnes à son choix, dont l'hymen mystérieux traduira l'union entre le dieu protecteur et sa nation chérie? — J'ajoute que cette manière de voir n'est pas en contradiction avec celle, plus traditionnelle, qui fait des vestales des incarnations de Vesta. Vesta est sur plus d'un monument la déesse parèdre du Caeculus dont je parlais tout à l'heure. D'autre part, le nom de ce Caeculus ressemble à celui de la déesse Caca, laquelle est souvent confondue avec Vesta et reçoit des offrandes de la part des vestales. Et dès lors, si Vesta est la femme du dieu du feu, les vestales, qui la personnifient, sont réputées, elles aussi, en être les épouses. Quoi qu'il en soit de cette explication, ce qui reste hors de doute, c'est le rôle auxiliaire, subordonné, et, si je puis dire, domestique, de ces prêtresses pourtant si glorieuses. Leur exemple, qui au premier abord paraît faire exception, confirme au contraire d'une manière frappante cette règle qui domine tout le culte latin primitif, et qui est de n'attribuer aux femmes, dans la religion, qu'une part secondaire, une activité sans initiative et sans autonomie.

A côté des cultes comme celui dont nous avons parlé, auxquels les femmes étaient as-

sociées, y en avait-il qui leur fussent exclusivement réservés? On en cite quelques-uns,
celui de la Bonne Déesse, ceux de la Pudeur
Patricienne et de la Pudeur Plébéienne, et
certains historiens, comme M. Boissier, ne sont
pas loin de penser qu'il y avait là pour les
femmes un privilège assez enviable, qu'on voit
bien par là que les anciens Romains n'avaient
nullement entendu les sacrifier. Je ne crois pas
qu'il faille exagérer la portée de ces exemples.
Pour ce qui est de la Pudeur Patricienne et de
la Pudeur Plébéienne, le caractère abstrait, allé-
gorique, de ces divinités, peut nous laisser
penser qu'elles sont d'origine relativement récente : on n'en saurait donc rien conclure
qui puisse valoir pour la religion primitive.
Quant à la Bonne Déesse, sommes-nous
sûrs que son culte ait fait partie de la plus
ancienne religion de Rome? Nous le voyons
localisé sur l'Aventin, sur cette montagne qui
est restée si longtemps en dehors de l'enceinte
sacrée, du territoire sanctifié : il ne serait donc
pas impossible que ce fût une importation des
peuples voisins, comme beaucoup d'autres
cultes célébrés sur la même colline, celui de

Junon Reine, celui de Diane Aventine[1], etc.
Mais sans vouloir insister outre mesure sur
cette considération très hypothétique, il me
suffira de remarquer que, si les hommes sont
exclus du culte de la Bonne Déesse, les femmes
sont exclues en revanche du culte d'Hercule à
l'*Ara maxima*, lequel Hercule peut être considéré comme l'époux de *Bona Dea*. Il n'y a donc
de privilège ni pour un sexe ni pour l'autre.
Nous sommes simplement en présence d'un
couple divin où le dieu et la déesse, au lieu
d'être adorés ensemble par les deux sexes,
comme cela a lieu en général, le sont séparé-
ment, le dieu par les hommes et la déesse par
les femmes. Au surplus, ce qui prouve que
le culte de *Bona Dea* ne confère aux femmes aucune supériorité, c'est un détail de ce culte qui
a bien son importance. La plus connue des
fêtes de la Bonne Déesse est celle qui se célèbre dans la maison du consul ou du pré-
teur urbain, et sous la présidence de la femme
de ce magistrat. Or, on peut dire de celle-ci ce
que nous disions un peu plus haut de la *regina
sacrorum* ou de la *flaminica dialis* : elle n'est

---

1. Voir à ce sujet Merlin, *L'Aventin dans l'antiquité*.

choisie qu'à raison des fonctions exercées par son mari. Le culte de la Bonne Déesse n'est donc pas si exclusivement féminin qu'il ne subisse indirectement des interventions masculines : les hommes ne peuvent y assister, c'est vrai, mais ce sont eux qui en ont désigné la prêtresse suprême le jour où, aux comices consulaires ou prétoriens, ils ont voté pour son mari.

Nous pouvons donc maintenir nos conclusions en ce qui concerne la période la plus reculée de la religion romaine. Dans aucun culte, pas plus dans celui de la Bonne Déesse que dans celui de Vesta, pas plus dans les cérémonies nationales que dans les rites domestiques, la femme n'est égale à l'homme ni indépendante de lui. Sa part est certes très importante, nécessaire même, car on ne comprendrait ni le culte du foyer privé sans la *mater familias* ni celui du foyer public sans les vestales ; mais, si elle est l'aide indispensable de l'homme, elle n'est qu'une aide, non un chef. Elle se place tout près de lui, mais pas sur le même rang, un peu en arrière.

II

Tout ce que je viens de dire s'applique, bien entendu, aux premiers siècles de la société romaine, à son état religieux, sinon tout à fait primitif, du moins le plus ancien que nous puissions saisir. Cet état, on le sait, n'a pas tardé à se modifier progressivement. A l'époque qu'on peut appeler classique, celle de César, d'Auguste, des premiers empereurs, les mœurs et les croyances sont très différentes de celles que nous avons observées jusqu'ici. Dans cette société transformée, voyons quelle place est assignée aux femmes, quelle part elles ont eue dans l'évolution qui a si profondément changé les habitudes religieuses, et dans quelle mesure elles en ont elles-mêmes senti les effets.

A prendre les choses dans leur ensemble, on peut dire que, de la vieille religion, il n'existe plus que des rites traditionnels, qu'on observe par routine, mais qui ne répondent plus à aucune réalité vivante ; des formules stéréotypées, des cérémonies machinales, des formes vides et desséchées dont l'âme est absente. Or, si la religion s'est ainsi anémiée, atrophiée, ç'a été sous l'action à peu près simultanée de deux forces hostiles : d'une part la diffusion des idées philosophiques, d'autre part la concurrence des religions étrangères. Jusqu'à quel point les femmes ont-elles subi ces deux influences ?

La première, celle de la philosophie grecque, semble à beaucoup de gens s'être exercée moins profondément sur les femmes que sur les hommes. C'est l'opinion que M. Boissier, entre autres, a soutenue dans la *Religion romaine d'Auguste aux Antonins*. Malgré son autorité, je ne suis pas sûr que les femmes soient restées, autant qu'on l'a dit, en dehors de la propagation des doctrines helléniques. Rappelons-nous que les Romains n'avaient pas l'idée que l'on dût instruire un sexe autrement que l'autre : les garçons et les filles étaient élevés ensemble par un précepteur commun dans les familles aristocratiques, par le même maître d'école dans les classes moins fortunées, et on leur enseignait les mêmes matières ; Rome, plus en avance que nous, avait réalisé deux choses qui ne sont réclamées encore que par une minorité, la coéducation des sexes et l'identité des programmes. Pour ce qui est de la philosophie, on ne peut dire qu'ils en aient refusé la connaissance aux femmes. Quelques-uns l'ont fait, sans doute, comme le père de Sénèque, que son fils accuse de n'avoir laissé prendre par sa femme qu'une légère teinture, fort insuffisante, des doctrines des philosophes. Mais il ne faudrait pas exagérer la portée de cet exemple. D'abord, Sénèque le Père était un original, un homme de tendances très réactionnaires, *maiorum consuetudini deditus*, par conséquent un isolé. De plus, il n'a été aussi sévère pour Helvia que parce qu'il voyait beaucoup de ses contemporaines qui avaient reçu une éducation opposée, et qui en abusaient : sa réaction même prouve que la tendance général du siècle allait en sens inverse de la sienne. Enfin, si cet obstiné partisan des mœurs anciennes ne voulait pas de la philosophie pour les femmes, il ne l'aimait guère plus pour les hommes : il s'est opposé de toutes ses forces à la vocation stoïcienne de son fils ; il regardait les philosophes comme des utopistes téméraires. Qu'un tel homme ait été l'ennemi de la culture philosophique pour les femmes, cela se comprend, mais cela ne prouve rien pour l'ensemble de la société. D'autres avaient les mêmes frayeurs que lui, et on peut lire chez le compilateur Stobée les arguments par lesquels ils essayaient de les justifier. Mais plus nombreux était ceux qui voulaient ouvrir aux femmes l'accès de la philosophie, qui pensaient, comme Plutarque, que cette culture pourrait les préserver des plaisirs futiles et des superstitions inintelligentes.

En fait, l'histoire nous a conservé maints exemples de femmes initiées aux problèmes philosophiques : Caerellia, amie de Cicéron, confidente de sa pensée, lectrice de ses traités de métaphysique et de morale ; Livie, l'impératrice consolée de son deuil maternel par les exhortations du stoïcien Arée, son directeur de conscience ; Pauline, la femme de Sénèque ; les amies de Thrasea, qui étaient groupées autour de lui lors de sa condamnation. Encore une fois on ne peut poser, en pareille matière, de règle absolue. Toutes les femmes n'étaient pas philosophes, mais tous les hommes ne l'étaient pas non plus. L'influence de la pensée grecque s'est répandue différemment selon les époques, selon les classes sociales ; mais les deux sexes l'ont connue à peu près dans la même proportion, et si les femmes, à la fin de la République et sous l'Empire, sont restées plus pieuses que les hommes, ce n'est certainement pas parce qu'elles étaient plus ignorantes.

Mais, en réalité, sont-elles restées plus pieuses ? Les raisons qu'on a données pour le prouver me paraissent, je l'avoue, assez sujettes à caution. Il est très vrai que dans plus d'une épitaphe de matrone on trouve mentionnée, parmi les qualités de la défunte, la piété sans superstition, *pia sine superstitione*. Mais il s'agirait peut-être de définir ce que les Romains entendaient par ces deux termes, « piété » et « superstition », qu'ils distinguent si soigneusement. Il faudrait remarquer en outre que l'épithète de « pieux » est un éloge donné aux hommes tout aussi bien qu'aux femmes. Enfin et surtout, il ne faudrait pas oublier que l'épigraphie funéraire est encombrée de formules toutes faites, qui se transmettent de génération en génération, alors même qu'elles ont cessé de correspondre aux réalités actuelles : de ce que les tombes proclament la piété des matrones, il ne s'ensuit pas que cette piété fût bien répandue, ni bien profonde.

Y a-t-il aussi quelque chose à conclure de ce

fait que la correspondance de Cicéron nous
montre sa femme Terentia plus dévote que lui?
Au premier abord, on peut être tenté d'insister
sur cette différence, et d'interpréter en ce
sens la phrase où le grand orateur se plaint,
dans son exil, d'avoir été abandonné par les
hommes, pour qui il a tant fait, et par les dieux,
à qui Terentia a tant rendu d'hommages. Cette
antithèse amusante a quelque chose de très
moderne. Volontiers, nous nous représenterions
le ménage de Cicéron comme un de ces mé-
nages du monde politique de notre temps, —
celui des Laprat-Teulet chez Anatole France,
si l'on veut, — où le mari est député libre-pen-
seur et où la femme fréquente les couvents et
les sacristies. Mais l'analogie serait toute factice. D'abord, à la différence de nos Laprat-
Teulet, Cicéron n'est nullement « anticlérical »;
il prie les dieux, au moins en public; il est augure, et fier de l'être; il affecte, officiellement,
un grand respect pour les institutions religieuses de son pays; et ce respect est tel qu'il
l'empêche parfois d'aller jusqu'au bout de ses
idées philosophiques, qu'il l'oblige à terminer
son traité contre la divination par une conclusion très modérée et très prudente. De son

côté, Terentia est-elle bien mue par une ardente piété ? Elle fait des sacrifices, des prières, mais elle les fait souvent sur l'invitation de son mari ; il l'en charge parce qu'il n'en a pas le temps, et que cela rentre dans les fonctions domestiques ou familiales de la femme. Entre les deux époux, à supposer qu'il faille les prendre comme des types représentatifs de la société d'alors, il n'existe pas la profonde différence qu'on a voulu voir. Il y a plutôt partage d'attributions qu'antagonisme de convictions. Et, pour conclure d'une manière plus générale, je crois que si l'on admet que la libre pensée a fait parmi les femmes de Rome un peu moins de progrès que parmi leurs frères ou leurs maris, mais un peu moins seulement, on ne sera pas très loin de la vérité.

Au contraire, les religions étrangères n'ont pas exercé sur les deux sexes une influence égale : si elles ont trouvé des adeptes parmi les hommes, c'est surtout chez les femmes qu'elles ont obtenu le plus de crédit et de ferveur. Cela se manifeste dès qu'apparaît dans l'histoire romaine pour la première fois un culte vraiment exotique, celui de Bacchus. Bien des questions restent obscures dans cette fameuse affaire des Bacchanales : nous ne savons ni ce qu'elles étaient, ni pourquoi le sénat romain les a si rigoureusement réprimées. Mais, par le peu que nous entrevoyons, nous sommes sûrs du moins que les femmes y ont joué un rôle considérable. Tite-Live dit que pendant longtemps elles y avaient figuré seules, que l'admission des hommes y fut tardive, et que même alors les femmes continuèrent d'être les plus nombreuses. Le texte du sénatus-consulte confirme cette assertion. Défense y est faite de nommer qui que ce soit, homme ou femme, à la présidence des réunions rituelles : c'est donc que les femmes étaient investies, aussi bien que les hommes, de cette dignité. Défense également de s'assembler à plus de cinq en tout, deux hommes et trois femmes : c'est donc que les femmes étaient normalement en majorité. De pareils usages étaient totalement inconnus à l'ancienne religion romaine. Ils sont d'autant plus intéressants à constater dans les Bacchanales que la date à laquelle nous les observons n'est pas indifférente. L'affaire des Bacchanales est de 185 avant Jésus-Christ : dix ans auparavant, pour obtenir l'abrogation de la loi Oppia, qui restreignait sévèrement leurs dépenses somptuaires, les matrones romaines s'étaient livrées à une manifestation collective, que les hommes d'État du parti adverse ne comparaient à rien moins qu'aux sécessions de la plèbe. On dirait qu'il y a eu, à ce moment, une poussée d'émancipation féminine très intense, se traduisant tantôt sous forme politique, tantôt sous forme religieuse.

Les traits que nous avons remarqués dans le culte de Bacchus, se retrouvent dans toutes les autres religions d'origine exotique, orientale surtout. Que ce soit la Grande Mère, Adonis, Sabazius, Isis, Sérapis, plus tard Mithra, tous ces dieux d'Asie ou d'Égypte reçoivent des femmes romaines l'accueil le plus enthousiaste. Elles assistent à toutes leurs fêtes, hébergent leurs prêtres, leur élèvent d'innombrables statues ou chapelles. Elles parent leurs sanctuaires avec un luxe où se révèlent à la fois la coquetterie féminine et la prodigalité méridionale : l'une fait dorer la robe de Cybèle et la chevelure d'Attis; une autre donne à Isis un collier de 36 perles et de 18 émeraudes, un diadème de perles, émeraudes et rubis, sans préjudice de boucles d'oreilles, bagues et bracelets. Elles se ruinent pour leurs divinités favorites. Et, ce qui est plus méritoire peut-être, elles s'imposent les corvées les plus pénibles. Les dévotes d'Isis vont jusqu'en Égypte chercher de l'eau du Nil, pour en arroser le temple de la déesse et pour s'en asperger elles-mêmes dans les cérémonies lustrales. D'autres, effrayées par les menaces d'un prêtre, s'infligent des pénitences aussi rudes que celles de nos Carmélites : « elles font casser la glace en hiver, dit Juvénal, pour se plonger trois fois dans le Tibre, et parcourent le Champ de Mars, nues, tremblantes, se traînant sur leurs genoux sanglants ». Ces mortifications, qui devaient coûter cher à la délicatesse sensuelle de mondaines raffinées, nous attestent l'ardeur de leur adhésion aux cultes nouveaux importés de l'Orient.

Je dis « nouveaux », et c'est ici peut-être qu'il faudrait préciser leur rapport avec l'ancien culte purement romain. Les religions exotiques ne l'ont pas chassé : elles ne sont pas assez intolérantes pour cela. Les mêmes inscriptions invoquent souvent à la fois des dieux orientaux ou africains et de vieilles divinités latines, Jupiter Hammon et Junon Reine par exemple. Une Romaine pouvait donc recevoir les prêtres de Cybèle, ou ceux d'Isis, ou ceux de Bellone, ou tous ensemble (comme c'est le cas pour une riche dévote dont nous parle Juvénal), et ne pas renoncer aux rites traditionnels du Capitole ou de l'Aventin. Seulement, si les cultes étrangers ne tuent pas le culte national, ils ne le laissent vivre que d'une vie languissante et factice. Ils absorbent toute l'activité réelle des âmes, des âmes masculines et surtout féminines, tout leur amour et toute leur foi. Une femme du Ier siècle de notre ère peut bien encore offrir des sacrifices à Junon, mais c'est Isis qu'elle adore au fond de son cœur, c'est d'Isis qu'elle attend tout.

La plus grande différence qui sépare ces religions nouvelles de l'ancienne, au point de vue féminin, ce n'est pas seulement que les femmes y interviennent comme adoratrices zélées et passionnées, c'est qu'elles y figurent comme prêtresses à l'égal des hommes. Par là elles sortent de ce rôle inférieur où les confinait la tradition. Tandis que les vestales, comme nous l'avons vu, étaient plutôt les servantes du pontife que ses collaboratrices, les cultes exotiques ne connaissent plus ces distinctions. La plupart ont pris naissance dans les provinces d'Asie-Mineure où, jadis, florissait le régime matriarcal, et où pendant longtemps les femmes ont été éligibles aux magistratures : ils n'ont donc aucune répugnance à leur faire une large place. Il y a une prêtresse dans le culte de Bellone, une prêtresse qui s'ensanglante à coups de fouet et de couteaux, pour entrer en extase et exciter l'admiration de la foule. Il y a, dans les cérémonies de la Grande Mère, des musiciennes à côté des musiciens, des prêtresses à côté des prêtres. Il y a, dans celles de Bacchus, des Mères à côté des Pères. Le titre de *sacerdos Isidis* est donné par les inscriptions tantôt à des hommes, tantôt à des femmes. En général, les fonctions religieuses les plus hautes sont, dans ces églises, ouvertes aux deux sexes.

Un autre caractère qui est propre aussi aux religions orientales, c'est qu'elles sont beaucoup plus accueillantes que la religion primitive de Rome. Celle-ci a commencé par être exclusivement patricienne, et elle en a gardé quelque chose de légèrement dédaigneux. Les femmes de basse condition, exclues de ses sacerdoces à l'origine, ont dû toujours se sentir un peu des intruses à ses cérémonies. Rien de tel dans les nouveaux cultes. Ils acceptent tous les hommages, d'où qu'ils viennent. Parmi les fidèles d'Isis ou de Bellone, les inscriptions et les textes littéraires nous montrent autant de plébéiennes que de grandes dames, autant de courtisanes que de femmes honnêtes. Les affranchies de mœurs libres qui constituaient le demi-monde de Rome étaient peut-être moins gênées avec les divinités de l'Orient qu'avec celles du Latium : toujours est-il qu'elles leur étaient fort dévouées. Une des belles amies de Catulle demande à son amant de lui prêter sa litière pour aller prier Sérapis dans son temple. Délie, la maîtresse de Tibulle, observe scrupuleusement toutes les prescriptions de la liturgie isiaque, fait les ablutions requises, porte des robes de lin, fait sa prière à la déesse en agitant le sistre sacré. Certaines élégies où Ovide parle de Corinne offrent également un mélange assez extraordinaire, mais d'autant plus significatif, de galanterie et de dévotion.

Le succès des religions étrangères a donc été très vif, dans toutes les classes de la société, auprès des femmes. Il tient probablement à des causes multiples. Il est probable que la vanité y a eu une certaine part : habituées à être tenues à un rang un peu inférieur par le culte

national, les femmes ont pu être flattées de se
voir placées ici exactement au même niveau que
les hommes, admises même à remplir les char-
ges sacerdotales les plus éminentes. Les cérémonies d'origine asiatique ou égyptienne ont
dû les attirer aussi par leur appareil somptueux.
Qu'on relise, par exemple, dans les *Métamor-
phoses* d'Apulée, le tableau de la procession
d'Isis : la mascarade joyeuse du peuple, le
blanc cortège des adoratrices de la déesse défi-
lant au milieu des parfums et des fleurs, la
foule des porteurs de torches, les deux demi-
chœurs de chantres qui psalmodient un hymne
solennel, l'orchestre des musiciens de Sérapis,
le groupe des initiés vêtus de robes de lin, le
grand prêtre avec son costume éclatant et ses
ornements symboliques, la statue de la vache
divine, la barque sacrée en bois de thuya,
à la poupe lamée d'or, aux parois couvertes
d'hiéroglyphes. Dans d'autres cultes, comme
celui de Bellone, ce sont des rites moins graves,
plus violents, plus bizarres, avec des mutila-
tions ou supplices volontaires, des cris pas-
sionnés, des danses frénétiques, toutes choses
qui produisaient un effet puissant sur les ima-
ginations féminines. Toutes ces fêtes, impo-

santes ou tragiques, plaisaient à la façon des jeux et des spectacles.

La ressemblance était si complète que, tout aussi bien que le cirque ou le théâtre, les temples des divinités orientales servaient de lieux de rendez-vous aux amoureux. Properce rend les temples responsables, autant que les théâtres, des infidélités de Cynthie. Lorsque Ovide, au début de l'*Art d'aimer*, conseille à son élève de chercher d'abord une femme à qui faire la cour, il l'envoie dans les sanctuaires d'Isis et d'Adonis, où fréquentent un grand nombre de belles personnes complaisantes. Celles-ci savaient bien, de leur côté, qu'elles ne manqueraient pas de trouver là des admirateurs empressés. Affranchies ou grandes dames, professionnelles de la galanterie ou patriciennes d'humeur aventureuse, voyaient dans les lieux sacrés un terrain propice pour leurs manœuvres et leurs intrigues. Il en était un peu de la Rome du temps d'Auguste comme de tant de villes du midi de l'Europe, où, aujourd'hui encore, les messes et les processions servent souvent de prétextes à des rencontres et aventures amoureuses.

Il ne faudrait pourtant pas insister outre me-

sure sur cet aspect un peu scabreux des dévotions féminines sous l'empire romain. Sans
doute Juvénal déclare qu'il n'y a pas un temple
où les femmes ne se prostituent : mais c'est
un satirique de profession, et un rhéteur par-
dessus le marché, et à ce double titre il est
suspect de quelque outrance. Sans doute aussi
les premiers apologistes du christianisme, Ter-
tullien et Minucius Felix, prétendent que c'est
dans les lieux saints qu'il se forme le plus de
liaisons adultères, que les cellules des prêtres et des sacristains voient plus de scènes
immorales que les maisons de débauche : mais
les rivalités de sectes, les nécessités de la po-
lémique, expliquent peut-être ces accusations,
et leur enlèvent une part appréciable de leur
valeur. Il faut bien admettre que, pour plus
d'une Romaine du Ier ou du IIe siècle, la piété
n'a été qu'un prétexte à couvrir leur libertinage :
toutes les religions ont eu leurs tartuffes, et de
tout sexe. Mais il me paraît bien difficile de ne
pas reconnaître, chez plus d'une aussi, des motifs plus sincères et plus respectables. Même
les femmes légères que nous connaissons par
les poètes classiques étaient assez convaincues
de la religion qu'elles pratiquaient pour en

7.

observer les plus rigoureux préceptes. La Délie de Tibulle, pour se concilier la protection d'Isis, s'imposait des nuits de continence dont le poète a gardé un très précis souvenir. Ovide, de son côté, se plaint que sa maîtresse, à l'approche des grandes fêtes, veuille garder par un pieux scrupule une chasteté dont il s'arrange fort mal. Evidemment cet ascétisme était momentané : il y avait des retours à la sensualité ordinaire, et l'on ne saurait affirmer qu'une telle alternance ait constitué une morale bien grave, ni surtout bien sûre. Cependant, il me semble voir, dans ces jolies contemporaines de Tibulle et d'Ovide, des femmes d'une dévotion plus réelle qu'on ne l'a quelquefois pensé, enthousiastes à certains jours, austères à certaines heures, pas très cohérentes peut-être, mais sincères jusque dans leur illogisme.

Il faut donc qu'il y ait eu, dans les religions qui les séduisaient, autre chose que la pompe extérieure et le décor brillant. Les légendes sur lesquelles étaient fondés les cultes orientaux pouvaient parler au cœur pendant que les fêtes parlaient aux sens. Presque toutes se réduisaient essentiellement à l'histoire d'un dieu jeune, beau, aimé d'une déesse, tué cruellement,

et ressuscité miraculeusement. Qu'il s'agit d'A-
donis et de Vénus, d'Attis et de Cybèle, d'O-
siris et d'Isis, les phases du drame divin étaient
sensiblement analogues, analogues aussi les
sentiments que les adoratrices devaient éprou-
ver. Avec leur déesse, elles admiraient passion-
nément le Héros bien-aimé; avec elle, elles
pleuraient désespérément sa mort; avec elle,
elles exultaient de joie devant sa résurrection.
Amour, douleur, ivresse du triomphe, les émotions les plus profondes qui puissent ébranler
une âme féminine étaient successivement pro-
voqués par ces mythes tragiques. Et, en même
temps, ces divinités, dont l'histoire était si poi-
gnante, savaient s'intéresser aux peines, aux
faiblesses, aux misères de la pauvre humanité.
Leurs prêtres avaient des paroles de pardon, de
consolation. Moyennant quelques prières, quelques mortifications, — quelques offrandes aussi,
— ils promettaient le rachat des fautes, l'avé-
nement à une vie plus pure et plus heureuse.
Dans les âmes compliquées et fragiles des
femmes d'alors, blasées par les plaisirs, cor-
rompues souvent, toujours incertaines, les
cultes mystérieux venus d'Orient ou d'Égypte
rouvraient une source indéfinie d'espoir, de

paix et d'innocence... Mais ces états d'âme un peu confus échappent à l'analyse des historiens, seuls les poètes peuvent les deviner : c'est donc à un poète, au plus subtil et au plus érudit de nos poètes, que je voudrais laisser la parole. Nul n'a mieux traduit la mentalité religieuse des femmes romaines que M. Anatole France dans les belles strophes où il a fait revivre les aspirations rêveuses de l'affranchie Leuconoé :

Les femmes ont senti passer dans leurs poitrines
Le mol embrasement d'un souffle oriental.
Une sainte épouvante a gonflé leurs narines
Sous des Dieux apparus loin de leur ciel natal.

Et celle-ci connaît la grande inquiétude ;
La chose humaine brille et l'enveloppe en vain.
A ses sens délicats la terre est triste et rude ;
Elle médite un monde immuable et divin.

Ses soupirs ont monté dans la sainte lumière,
O magique pouvoir, vertu d'un cœur pieux !
Tous les Dieux qu'elle aima viennent à sa prière
Parfumer son haleine et rafraîchir ses yeux.

Elle les voit si beaux ! Son âme aride et tendre,
Que le siècle brutal fatigua sans retour,
Cherche entre ces Esprits indulgents à qui tendre
L'ardente et lourde fleur de son dernier amour.

Dans la troupe si douce aux âmes éphémères,
Elle choisit d'abord de ses regards en pleurs
Les Amantes des Dieux et les augustes Mères
Dont le cœur fut comblé d'ineffables douleurs.

La grande Phrygienne en hurlements féconde,
Et la Vénus en deuil près d'un enfant glacé,
Et cette bonne Isis qui cherche par le monde
Les membres précieux de l'époux dispersé.

Elles sont là, debout, ces femmes éternelles,
Qui saignent à jamais des blessures du sort.
Quelle âme ne voudrait se confier en elles ?
Elles savent quel goût ont l'amour et la mort.

Mais voici, blanc troupeau dans la pâle prairie,
Leurs fils et leurs époux, les Dieux adolescents
Qu'aux jours mystérieux, sur la couche fleurie,
Les femmes vont pleurer dans la myrrhe et l'encens.

Et alors, le poète énumère tous les dieux adorés dans ces cultes mystiques, « l'enfant Atys, semblable aux vierges de Syrie », « le radieux Mithra », et l'Adonis mortellement tué par un sanglier.

Il repose, baigné de cinname et de larmes ;
Sur son corps la blessure ouvre un calice bleu.
Et Leuconoé goûte éperdument les charmes
D'adorer un enfant et de pleurer un Dieu.

III

Mais, dans son mélancolique et délicieux poème, M. Anatole France nous montre Leuconoé encore insatisfaite par toutes les religions qu'il vient de dépeindre en termes si pittoresques. Il la convie, elle et ses pareilles, à chercher encore, à chercher toujours, dans les faubourgs et dans les bouges, près « du Chaldéen obscur et du vil Syrien », jusqu'à ce qu'elles trouvent le vrai consolateur, le rédempteur parfait. Et, en effet, le mouvement religieux dont nous avons observé l'action sur les femmes romaines, nous conduit directement au christianisme. Il n'entre pas dans le cadre de cette étude d'examiner en détail le rôle des femmes dans la nouvelle religion : ce serait un sujet beaucoup trop vaste. Je voudrais seulement chercher en quoi la conception que s'en sont faite les chrétiens du IIIe siècle et du IVe continue plus ou moins les habitudes de l'ancien monde romain.

Nous avons pu constater jusqu'ici dans l'histoire religieuse de Rome deux tendances successives et contraires : à l'époque primitive et dans le culte purement national, une tendance à ne laisser aux femmes qu'une place restreinte et subordonnée ; à la fin de la République et sous l'Empire, dans les cultes d'origine étrangère, une tendance à les mettre au premier plan, non seulement dans le troupeau des fidèles, mais même dans le clergé. Ces deux tendances, dans le christianisme romain, se concilient et s'équilibrent, sans qu'aucune des deux triomphe absolument.

Les femmes n'y jouent jamais un rôle primordial, un rôle de direction. Il semble, à cet égard, que les Eglises orthodoxes d'Occident aient puisé dans le vieil esprit romain un principe sûr qui leur a permis de décider nettement une question controversée. Car, jusqu'alors, les communautés chrétiennes avaient été partagées sur ce point entre deux courants opposés. Si saint Paul avait ordonné aux femmes de se taire dans l'Église, si leur intervention dans le culte avait semblé suspecte à beaucoup de théologiens, d'autres avaient été plus accueillants. Dans les assemblées de fidèles des premiers siècles, parmi les prophètes qui prenaient la parole sous l'impulsion directe de l'esprit divin, il y avait eu souvent des femmes. Souvent aussi des femmes s'étaient mises à la tête de sectes nouvelle, s'associant aux prédicateurs de réforme, quelquefois même les dirigeant : qu'on se rappelle Philumène à côté de l'hérésiarque Apelle[1], Maximille et Priscille auprès de Montanus. L'Eglise de Rome paraît n'avoir jamais connu cette participation ouverte et en quelque sorte officielle des femmes à la conduite des affaires chrétiennes, et, à son exemple, tout le christianisme occidental l'a interdite. A peine voyons-nous de temps en temps, dans quelque secte schismatique, des sortes de grandes prêtresses qui joignent leur activité à celle de l'hérésiarque, par exemple la femme et la fille du rhéteur gaulois Delphidius dans l'Eglise de Priscillien. Encore est-il bien vraisemblable que cette prépondérance féminine, — exagérée peut-être au surplus par les catholiques, — est une des causes qui ont le plus nui au triomphe du priscillianisme. Mais dans l'orthodoxie du IIIe et du IVe siècles, des faits pareils sont complètement inconnus. Point de femmes dans le clergé proprement

---

1. On a contesté l'historicité de cette Philumène (Renan, *Marc Aurèle*, chap. IX). Mais, si son existence est légendaire, la légende même prouve que l'on admettait comme possible ce rôle des femmes auprès des hérésiarques.

dit, si ce n'est les diaconesses et les sous-in-
troduites, qui ne sont guère que des servantes
des prêtres, soigneusement renfermées dans
leur rôle domestique et inférieur. Point de
femmes non plus dans la direction, soit ad-
ministrative soit intellectuelle, de l'Eglise :
les correspondances de saint Cyprien, de saint
Ambroise, de saint Augustin, nous montrent
les chrétiennes pieuses, qu'elles soient isolées
ou groupées en communautés, absolument
soumises à la juridiction morale de l'évêque,
traitées par lui comme des filles bien plutôt
que comme des sœurs. A cet égard, le christianisme ressemble tout à fait, *mutatis mutan-
dis*, à la religion romaine primitive; l'autorité sacerdotale y est tenue à l'abri de toute
atteinte féminine.

Mais, si les femmes ne sont rien dans le
christianisme latin, il n'en faudrait pas conclure qu'elles n'y font rien. Tout au contraire,
la conversion de la société romaine à la religion nouvelle a été leur œuvre en grande
partie. Déjà le judaïsme avait trouvé parmi
elles de nombreuses prosélytes : Ovide, Mar-
tial, nous parlent de leur assiduité à célébrer
le sabbat, et l'impératrice Poppée semble bien

avoir été instruite des dogmes hébraïques : en
tout cas elle protégeait activement les Juifs.
Le christianisme ne devait pas être accueilli
avec moins de zèle par les femmes. Elles paraissent l'avoir embrassé plus vite que les
hommes, avec plus de ferveur. Qu'il s'agisse
d'abandonner la foi païenne pour la foi nouvelle, ou, au sein même du christianisme, de
passer d'une piété tiède et banale à une forme
de dévotion plus stricte, elles fraient la voie à
leurs maris et à leurs fils : elles sont très souvent les premières chrétiennes dans les familles
païennes, et, dans les familles chrétiennes, les
premières adeptes de l'ascétisme et de la vie
monacale. Les exemples en sont innombrables.
Peut-être suffirait-il de rappeler l'influence de
sainte Hélène sur Constantin, de Therasia sur
Paulin de Nole, de sainte Monique sur saint
Augustin : c'est à des femmes que l'Eglise du
IVe siècle a dû son premier souverain chrétien,
son poète le plus charmant, son plus puissant
théologien. On pourrait encore citer les exemples très frappants que fournit la correspondance de saint Jérôme : ici, la famille de
Toxotius et de Paula, où le père et le fils,
descendants de la race des Jules, et, par Enée,

de Vénus même, restent païens obstinés, tandis que la mère et les filles, Paule, Blésille,
Eustochie, sont ardemment chrétiennes ; ailleurs, la famille du vieil Albinus, pontife païen,
dont la femme et la fille sont chrétiennes, et qui,
par là même, semble destiné un jour à passer,
lui aussi, à la religion nouvelle. Saint Jérôme
trace un portrait charmant de ce vieux prêtre
des dieux qui fait jouer sur ses genoux sa pe-
tite-fille, chrétienne elle aussi, et vouée à la vie
religieuse, et qui prend plaisir à lui entendre
balbutier l'alleluia des chrétiens. « Comme une
sainte et fidèle maison, écrit saint Jérôme à ce
propos, sanctifie l'infidèle ! Albinus est déjà
candidat à la foi. Une foule de petits enfants
chrétiens l'assiègent. Je crois, pour moi, que si
Jupiter même avait eu une telle famille, il aurait pu se convertir au Christ. Que le pontife
méprise et raille ma lettre, qu'il me traite de
sot et d'insensé, permis à lui ! Son gendre en
faisait autant avant de croire. » Nous saisissons
là sur le vif une situation qui a été celle de
plus d'une famille dans l'aristocratie romaine à
la fin de l'Empire ; nous devinons par quelles
armes, prières, exemples, douce pression sans
cesse renouvelée, les femmes chrétiennes sont

arrivées à conquérir les païens les plus re-
belles, et à donner un frappant commentaire
du mot célèbre de saint Paul : « La femme
fidèle sanctifie le mari infidèle. »

Pourquoi le mari était-il, et restait-il longtemps, « infidèle » ? Il semble bien que le plus
souvent ç'ait été beaucoup moins par une opposi-
tion raisonnée aux principes chrétiens que
par fidélité aux traditions nationales, par pré-
jugé aristocratique, par cette idée profondément enracinée que la religion nouvelle était
incompatible avec les grands emplois et les
grands honneurs qui absorbaient toute son
activité. Un sénateur, un préfet, au IVe siècle,
étaient trop remplis des soucis de la vie officielle pour se laisser envahir aisément par les
aspirations du christianisme. Les femmes, plus
indépendantes, étaient par là même plus accessibles à la prédication chrétienne.

Quant aux effets que cette prédication a eus
sur elles, ils sont naturellement très complexes,
très variables selon les individus, les époques,
les milieux, et il serait impossible de les retracer ici. Il me sera permis cependant de dire
qu'on a fréquemment exagéré ce que j'appelle-
rai le côté mystique de la dévotion féminine

au IIIe siècle et surtout au IVe : j'entends par
là que le christianisme ne s'est pas, comme
plus d'un historien affecte de le croire, adressé
exclusivement à l'imagination ni à la sensibilité des femmes romaines. Il leur a fourni
un principe de vie morale et intellectuelle,
autant et plus qu'une occasion d'émotions et de
rêves. Jetons un coup d'œil, par exemple, sur
la petite communauté chrétienne de l'Aventin
qu'on appelait l'église domestique, et qui nous
est bien connue par les lettres de saint Jérôme,
qui en fut l'inspirateur et le guide. Nous y trou-
verons sans doute quelques exemples d'enthousiasme passionné, capricieux, presque morbide,
mais des exemples plus nombreux de piété so-
lide et saine. Les deux filles de Paule, Blésille et Eustochie, incarneront, si l'on veut,
ces deux tendances. La première, ardente et
frêle, convertie par un songe où elle a cru
sentir sa main touchée par Jésus, se précipite
dans la dévotion avec autant de fougue qu'elle
se jetait auparavant dans les plaisirs : elle exagère les prières, les pleurs, les macérations, jusqu'à ce qu'elle expire à vingt ans, tuée par son
tourment intérieur autant que par son tempéra-
ment maladif. Mais, à côté d'elle, voici sa sœur

Eustochie, d'une si belle santé morale, d'une énergie si équilibrée et si calme, qui s'est tracé de bonne heure un idéal de stoïcisme chrétien, et qui marche à son but sans fièvre comme sans indolence, avec sa pleine raison, que la foi éclaire, mais ne trouble pas. Les deux types sont fort différents, mais le second me paraît le plus répandu parmi les pénitentes de saint Jérôme. A voir les lettres qu'il leur adresse, on sent très bien que ce qu'elles attendent avant tout de lui, c'est une discipline pour leur volonté, et aussi un aliment pour leur intelligence.

La discipline est ferme, précise, dure. Par le renoncement aux biens, aux plaisirs du monde, au luxe de la table, de l'habitation et du vêtement, aux affections même de la famille, elle se propose de tuer la sensibilité, — au moins dans le domaine humain, — pour ne laisser vivre que l'énergie. L'ascétisme chrétien, comme l'ascétisme stoïcien, a le double caractère de simplifier la vie et de tonifier le caractère. On en peut juger par la lettre où Jérôme, écrivant à Pammaque, gendre de Paule et beau-frère d'Eustochie, apprécie les résultats qu'a eus pour elles la vie monacale : « Tu ne les recon=

naîtrais pas si tu les voyais aujourd'hui : leur corps s'est fortifié comme leur âme. Elles qui, du vivant de Toxotius, étaient les esclaves du siècle, qui ne pouvaient supporter les saletés des carrefours, qui se faisaient porter par les mains de leurs ennuques, qui montaient avec peine la moindre pente, pour qui une robe de soie était une lourde charge et la chaleur du soleil un incendie, maintenant, les voilà couvertes de vêtements sombres et négligés. Elles préparent les lampes, allument le feu, balaient le pavé, épluchent les légumes, mettent les choux dans la marmite quand elle bout, dressent la table, apportent les verres et disposent les plats. » Comme on le voit, si la prière, la méditation, l'effusion pathétique, ne sont pas bannies de cette existence religieuse, l'action y tient une très grande place.

L'étude aussi, l'étude des Saintes Lettres naturellement et de tous les problèmes qui s'y rattachent. Pendant tout le temps que Jérôme passe à Rome, Marcelle ne le voit jamais sans lui faire quelques questions sur l'histoire ou sur le dogme, ne se contentant pas de la première réponse venue, discutant, contrôlant, si bien que Jérôme se croit parfois son élève plutôt que son maître. Elle et ses amies apprennent l'hébreu pour pouvoir chanter les psaumes dans la langue originale. C'est à la demande de Blésille que Jérôme rédige son commentaire sur l'*Ecclésiaste*, à la demande de Paule et d'Eustochie qu'il écrit celui des Épitres de saint Paul, et sa traduction des homélies d'Origène. Ce sont elles encore qui lui suggèrent l'idée de réviser la Vulgate en usage dans l'Italie en la confrontant avec le texte des Septante. Elles examinent et revoient ses ouvrages d'exégèse. Elles ne sont pas les seules à s'intéresser à ces recherches érudites. Du fond de la Gaule, une pieuse veuve, Hédibie, envoie à Jérôme une liste de questions sur les discordances entre les Évangélistes et sur les obscurités des épitres de saint Paul. Même Fabiola, une mondaine très dissipée jusqu'alors, vient près de lui, s'éprend de curiosité pour les choses de la Bible, et il faut que Jérôme écrive pour elle un traité sur le costume du grand prêtre des Juifs, puis un autre sur les quarante-deux campements des Israélites dans le désert. Nous apercevons là un des écueils auxquels se heurte quelquefois cette activité intellectuelle des femmes chrétiennes : le pédantisme. Il y en a un autre, plus

redoutable encore : c'est que parfois certaines
d'entre elles apportent aux controverses théo-
logiques un acharnement où il entre un peu
d'orgueil personnel. N'a-t-on pas pu dire que,
dans la querelle de l'origénisme, la lutte entre
Jérôme et Rufin avait été surtout la lutte entre
deux couvents, Bethléem et Jérusalem, et entre
deux dévotes, Paule et Mélanie ? Mais ces exagérations ridicules ou fâcheuses, ne doivent pas
nous faire oublier le bien réel qu'ont fait aux
femmes les travaux de cette espèce. En un temps
où la théologie était à peu près la seule étude
vivante, on ne peut ni s'étonner qu'elles aient
voulu l'apprendre, ni regretter qu'elles y aient
réussi. Jérôme, lorsqu'on lui reprochait de
n'intruire que des femmes, répondait ironique-
ment : « Il le faut bien ! si les hommes me faisaient des questions, je ne serais pas obligé de
m'adresser aux femmes. » Nous pouvons aller
plus loin, et lui savoir gré, à lui et aux autres
docteurs du IV⁰ siècle, d'avoir ouvert à leurs
pénitentes ce qu'ils considéraient comme la
seule science, de ne pas les avoir renfermées
dans des pratiques machinales et puériles, de
les avoir traitées comme des êtres intelligents.

J'ai insisté sur ce côté de la vie religieuse du

IV⁰ siècle, non seulement parce qu'il est nécessaire de s'en souvenir pour avoir une idée exacte
du rôle des femmes dans le christianisme
d'alors, mais parce que nous y pouvons trouver
une continuation de ce qu'avaient tenté trois
ou quatre siècles plus tôt les moralistes stoï-
ciens. Quand les Romaines du IVe siècle reçoivent du christianisme des émotions de tendresse
ou de douleur, de remords ou d'extase, elles
lui doivent ce que leurs aïeules devaient aux
mystères d'Isis, d'Adonis ou de Mithra. Mais
quand elles lui demandent des règles pour leur
conduite et des objets d'étude ou de réflexion,
elles en attendent le même service que rendait
autrefois l'enseignement d'un Sénèque. La religion chrétienne reprend donc, avec plus de
force et de succès, à la fois l'œuvre des cultes
orientaux et celle des écoles philosophiques :
cela est vrai d'une manière générale; mais cela
se manifeste surtout en ce qui concerne la
piété féminine.

Nous ne suivrons pas cette histoire au delà
de l'époque de Jérôme et d'Augustin : nous
sommes déjà bien loin de celle de la *flaminica
dialis* et de la *regina sacrorum*, et d'ailleurs,
au lendemain des invasions, un monde nouveau

va se former. Dans les périodes que nous avons
traversées, le rôle des femmes nous est apparu
sous des aspects variés, mais jamais négligea-
bles : sévèrement subordonné au début, dans
la vieille religion romaine, puis prépondérant
dans les cultes exotiques, et enfin, dans le
christianisme, très important sans être excessif.
L'activité religieuse féminine a changé de forme
et de degré, mais jamais elle n'a été annihilée,
depuis le jour où, sur le Capitole, la première
vestale a veillé sur le feu sacré, jusqu'au jour
où, sur l'Aventin, quelques Romaines illustres
ont formé la première congrégation.

LES CAVERNES SACRÉES

DANS

L'ANTIQUITÉ GRECQUE

PAR

J. TOUTAIN

MESDAMES, MESSIEURS,

Dès que l'on parle de la religion grecque, surtout si l'on fait allusion aux sanctuaires dans lesquels se célébraient les cérémonies de cette religion, la pensée évoque spontanément l'image des édifices admirables qui dominaient, du haut de l'Acropole, la cité athénienne; ou bien elle voit se grouper devant elle, au pied des rochers sauvages du Parnasse, les temples, les chapelles, les trésors pressés autour de l'oracle d'Apollon Pythien; ou bien encore elle se représente, entre l'azur limpide du ciel et l'azur plus agité des flots, le domaine d'Apollon Délien resplendissant de marbre et d'or

8.

près du littoral de l'île sacrée; ou bien enfin elle croit assister, dans les vallons gracieux de l'Elide, près du bois de l'Altis, aux processions, aux sacrifices, aux grands jeux nationaux d'Olympie. Les seuls noms de Pallas-Athena, d'Apollon, de Jupiter Olympien font surgir devant nos regards éblouis ce que l'on a si justement appelé le miracle grec, ce miracle dont on ne dira jamais assez l'action bienfaisante, dont l'étude et la contemplation seront toujours nécessaires, quoi qu'on prétende, à qui voudra fonder dans son âme le culte du beau.

Pourtant, si vive que puisse être notre joie devant ces créations sublimes de l'art hellénique, nous ne devons pas oublier qu'il y a eu en Grèce, à toutes les époques de l'antiquité, des sanctuaires plus modestes, plus humbles, plus voisins de la simple nature. Dans la campagne, à la lisière des bois, sous les arbres, en plein air, les paysans adressaient leurs prières ou rendaient grâces aux dieux devant des autels souvent grossiers, devant des idoles souvent bien frustes. Parmi ces lieux de culte, que l'art n'embellit point d'une éclatante parure, les plus anciens et peut-être les plus curieux furent les excavations de toute sorte, antres, cavernes et souterrains. Je voudrais aujourd'hui vous montrer avec le plus de précision possible quelle a été l'importance de ces cavernes sacrées dans l'antiquité grecque ; vous décrire celles qui sont le mieux connues, en m'efforçant de déterminer le caractère des cultes qui s'y célébraient ; enfin vous indiquer quelle a été, à travers toute l'histoire de la Grèce ancienne, la destinée de ces lieux de culte, à tous égards si différents du Parthénon et des grands sanctuaires helléniques.

I

Les cavernes sacrées étaient nombreuses dans la Grèce antique. Il n'est pour ainsi dire aucune partie du monde hellénique où plusieurs de ces cavernes ne soient aujourd'hui connues : les auteurs anciens nous en signalent et les archéologues modernes en ont exploré en Thessalie, dans toute la Grèce centrale depuis l'Etolie jusqu'à la Béotie, en Eubée, en Attique, dans l'isthme de Corinthe, dans tout le Péloponnèse, dans les Cyclades et les Sporades, en Asie-Mineure, à Chypre, en Crète et jusque dans la Cyrénaïque.

Ces cavernes n'ont pas toutes la même forme

ni le même caractère. Les unes étaient des grottes profondes, composées de salles et de galeries creusées dans une masse rocheuse, s'enfonçant quelquefois très loin dans le sol et s'ouvrant près du sommet d'une haute montagne : tels étaient, entre autres, l'antre idéen et l'antre de Psychro en Crète ; les cavernes sacrées du Parnès et de l'Hymette en Attique ; l'antre de Trophonios près de Lébadée en Béotie. D'autres cavernes se réduisaient à des excavations plus ou moins profondes dans une paroi rocheuse verticale ; c'était le cas, par exemple, pour les antres sacrés qui se creusaient aux flancs de l'Acropole d'Athènes, principalement au nord. Une troisième catégorie de cavernes sacrées est constituée par les crevasses, par les gouffres naturels, fréquents dans des pays volcaniques comme la Grèce centrale, le Péloponnèse, certaines Cyclades et certaines régions de l'Asie-Mineure : à cette catégorie appartiennent la crevasse aux exhalaisons enivrantes de l'oracle d'Apollon à | Delphes, les souterrains consacrés à Cérès et Proserpine en Béotie, l'antre sacré des Euménides à Athènes, les fissures volcaniques de la vallée du Méandre auxquelles on donnait les noms de Charonia ou Ploutonia. Enfin, il ne faut pas oublier les grottes qui s'ouvraient dans les rivages rocheux de la Grèce ou des îles, par exemple la grotte de la côte laconienne où l'on racontait que Bacchus avait été nourri par Ino ; les grottes de Syros, de Paros, de Naxos, d'Ithaque, celle de Lesbos, où, d'après la tradition, la tête et la lyre d'Orphée avaient été portées par les flots de la mer de Thrace.

Parmi ces cavernes, il en est que nous connaissons seulement par les légendes de la mythologie grecque. Nous savons que Jupiter célébra son mariage avec Junon dans une grotte du Cithéron ; nous savons que Mercure naquit dans une caverne du mont Cyllène en Arcadie et que cette caverne fut le théâtre de ses premiers exploits comme voleur de troupeaux ; mais ni la grotte du Cithéron ni la caverne du Cyllène n'ont été retrouvées et peut-être d'ailleurs n'ont-elles point été dans l'antiquité des lieux de culte.

Il est d'autres cavernes, dont le caractère religieux nous a été révélé par des découvertes archéologiques et épigraphiques, sans qu'aucun des textes anciens, parvenus jusqu'à nous, nous fasse connaître à leur sujet des mythes ou des légendes. Telles sont, en Attique, les grottes sacrées du Parnès et de l'Hymette, consacrées à Pan et aux Nymphes. Ces cavernes ont été certainement des lieux de culte; mais nous ne savons pas et nous ne pouvons pas savoir si quelque tradition mythique s'y rattachait.

Pour d'autres cavernes sacrées, et ce ne sont pas les moins importantes, leur caractère religieux nous a été révélé à la fois par les légendes antiques et par les découvertes modernes. Ainsi la mythologie grecque nous raconte que Jupiter fut élevé dans un antre du massif de l'Ida en Crète; cet antre a été retrouvé, il y a près de trente ans, et l'on y a découvert les traces nombreuses d'un culte rendu à Jupiter; d'après une autre version du même mythe, l'antre où Jupiter passa son enfance se trouvait dans un massif crétois situé au sud de la ville de Lyttos, celui-là aussi a été retrouvé et fouillé; les découvertes qu'on y a faites sont d'un très vif intérêt pour l'histoire de la plus ancienne religion et civilisation crétoise. Dans la charmante tragédie d'Euripide, intitulée *Ion*, le poëte raconte la légende de Créuse, fille d'Erechtée, qui fut séduite par Apollon dans une grotte située sur la pente de l'Acropole ; cette grotte, consacrée à Apollon, est aujourd'hui connue ; on y a recueilli des inscriptions votives où se lit le nom du dieu. Les Arcadiens racontaient que Cérès, tandis qu'elle errait à la recherche de sa fille Proserpine, fut poursuivie dans leur pays par Neptune qui désirait obtenir ses faveurs ; pour échapper au dieu, elle se changea en cavale et se mêla aux juments qui paissaient en Arcadie ; mais Neptune, s'étant aperçu de la ruse, se changea lui-même en cheval et arriva ainsi à ses fins. Cérès, irritée en même temps qu'affligée de l'enlèvement de sa fille, se vêtit de noir et se retira dans une caverne du mont Elaion, voisin de la ville arcadienne de Phigalie. Cette caverne fut dans la suite un sanctuaire très vénéré de la déesse, surnommée la Noire (Mélaina). On croit avoir retrouvé cette caverne dans la vallée de la Neda, au sud de l'Arcadie. Je pourrais encore citer d'autres exemples analogues. Ceux-ci suffiront, je pense, pour montrer l'importance de ces grottes sacrées au double point de vue de la mythologie et de la religion proprement dite ou plutôt du culte hellénique.

Les divinités, dont les mythes se rattachaient aux cavernes sacrées ou dont les cultes se célébraient dans ces cavernes, étaient nombreuses et variées. Sans les énumérer toutes, nous y distinguerons plusieurs groupes différents. Voici d'abord plusieurs dieux, que les Grecs ont toujours considérés comme des dieux du ciel lumineux et de l'atmosphère, Jupiter, Mercure, Apollon dans son rôle de dieu solaire. En second lieu, les grottes passèrent aux yeux des Hellènes pour être souvent la demeure de ces êtres divins, plus voisins de l'humanité que les grands dieux de l'Olympe ou du monde souterrain, Pan et les Nymphes, personnifications de la végétation pastorale, des eaux qui sourdent ici et là entre les rochers, des forêts qui tapissent les pentes des montagnes. Les crevasses, les gouffres, les souterrains dont on ne voit pas le fond inspirèrent d'autres sentiments et suggérèrent d'autres idées : c'étaient des entrées de l'Hadès, de cette région qui s'étendait au-dessous du sol, où résidaient à la fois les divinités qui font germer et mûrir les moissons, et celles qui gouvernent le monde des morts, Cérès, Proserpine, Pluton.

Enfin, outre les cavernes sacrées dans lesquelles ou à l'entrée desquelles on venait prier les dieux, les remercier de leurs bienfaits ou s'efforcer d'apaiser leur courroux, il y avait des grottes où se rendaient des oracles. La Terre a toujours passé pour être l'inspiratrice de révélations surnaturelles; telle est probablement l'idée qui présidait aux consultations pratiquées dans l'antre de Trophonios en Béotie, dans la grotte d'Apollon de Klaros près de Colophon en Asie-Mineure, dans la caverne d'Hercule non loin de la petite ville de Bura en Achaïe.

Arrêtons-nous quelques instants, si vous le voulez bien, devant telle ou telle de ces cavernes, devant celles qui nous sont le mieux connues; observons les caractères des cultes qui s'y célébraient, des rites qui s'y pratiquaient, des procédés de divination qu'on y appliquait.

II

1. — Les antres de Jupiter; le mont Ida; Psychro; le mont Pélion.

« *Ab Jove principium.* » Jupiter, le dieu du ciel lumineux, qui trône sur les sommets élevés fut adoré dans plusieurs cavernes des montagnes de Crète et de Thessalie. Trois des cavernes mentionnées par les auteurs ont été retrouvées ; deux d'entre elles ont été fouillées. Ce sont les antres de l'Ida, de Psychro, du Pélion.

Aux antres de l'Ida et de Psychro se rattache la légende de la naissance, de l'enfance et de l'éducation de Jupiter. Jupiter était fils de Saturne et de Rhéa. Mais Saturne savait qu'il serait détrôné par un fils qui naîtrait de lui. Aussi dévorait-il, dès leur naissance, tous les enfants que lui donnait son épouse Rhéa. Rhéa voulut sauver Jupiter. Elle donna à Saturne une pierre enveloppée de langes, que le dieu vorace engloutit ; puis elle confia Jupiter nouveau-né aux Curètes ou Corybantes, qui habitaient l'Ida ; ceux-ci transportèrent l'enfant dans une caverne de la montagne, et tandis que la nymphe ou la chèvre Amalthée le nourrissait, les Curètes exécutaient autour de lui une danse bruyante, en frappant leurs boucliers de leurs armes, afin que Saturne n'entendît pas ses vagissements. Jupiter grandit ainsi à l'abri de tout danger. La version du mythe, qu'il faut rapporter à l'antre de Psychro, est un peu différente et peut-être plus ancienne : elle est racontée par Hésiode, dans la *Théogonie*[1].

1. Vers 477 et suiv.

Au moment où elle allait devenir mère, Rhéa demanda conseil à son père Uranus et à sa mère Gaia ou la Terre. Ceux-ci lui conseillèrent d'aller en Crète, dans la riche contrée de Lyktos; c'est près de cette ville qu'elle donna naissance à Jupiter dans un antre très élevé, au cœur d'une montagne que le poète appelle la Montagne aux Chèvres (l'Αἴγαιον ὄρος). Quelles que soient les variantes de ces deux versions, l'une et l'autre localisent les légendes relatives soit à la naissance, soit à l'enfance de Jupiter dans deux cavernes, l'une située sur le mont Ida, l'autre située dans le voisinage de Lyktos également sur une montagne élevée. Or ces deux cavernes ont été retrouvées et explorées. Les découvertes qu'on y a faites prouvent qu'elles ont été, à une époque très ancienne, des sanctuaires fréquentés.

L'antre de l'Ida a été reconnu et fouillé, il y a près de trente ans, par MM. Fabricius, Halbherr et Orsi[1]. Son identité, si l'on peut ainsi parler, fut démontrée sans contestation possible par la découverte d'une dédicace gravée sur une tablette de terre cuite et dont la pre-

---

1. *Athenische Mittheilungen*, X, p. 59-62; *Museo Italiano di Antichità classica*, t. II, p. 689 et suiv.

mière ligne se lit : à Jupiter Idéen : Δι(ὶ) Ἰδαί(ῳ). L'antre idéen est situé un peu au-dessous du sommet de la montagne ; il est très profond ; près de son ouverture se trouvait l'autel formé par une roche naturelle à peu près équarrie ; devant cet autel et devant l'entrée de la grotte s'étendait un terre-plein assez vaste, où sans doute se réunissaient les adorateurs du dieu. D'abondantes et intéressantes trouvailles furent faites soit autour de l'autel et sur le terre-plein, soit dans l'antre lui-même. Le sol de la grotte était couvert d'une épaisse couche de cendres et de crânes de taureaux, restes évidents des sacrifices que l'on offrait à Jupiter. Parmi les objets votifs qui furent recueillis, et dont la majeure partie est en bronze, les plus curieux sont certainement des boucliers. Ces boucliers sont de forme ronde ; leur diamètre varie de 0^{m}55 à 0^{m}70 ; le plus grand atteint 0^{m}80, le plus petit 0^{m}35. Dans leur état actuel ils se composent d'une simple feuille de métal, n'ayant pas plus de 0^{m}001 d'épaisseur. Leur caractère votif est indéniable. Peut-être étaient-ils appliqués sur une monture en bois et en cuir. Ces boucliers sont ornés de sujets travaillés au repoussé (fig. 1-5) ; le centre en est souvent occupé

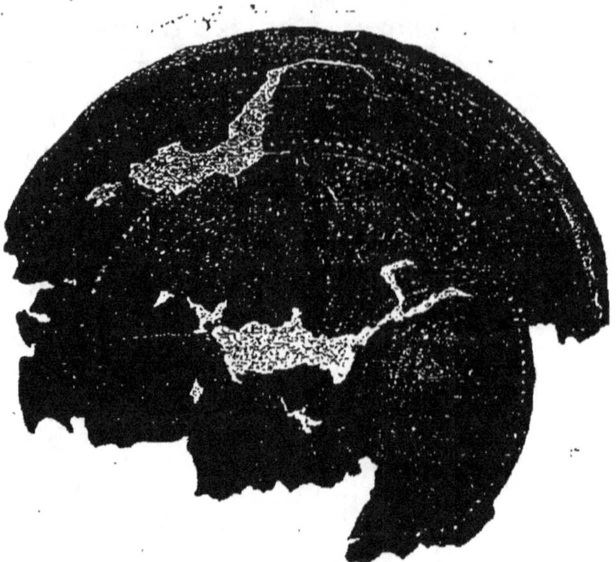

Fig. 1

Fig. 2

par une tête d'animal, autour de laquelle se développent concentriquement des zones remplies de motifs décoratifs. On vit d'abord dans ces boucliers votifs des produits de l'art oriental, chaldéen ou assyrien, apportés en Crète par les Phéniciens; mais des études plus récentes ont mis en lumière le caractère original de ces bronzes; l'art qui les créa subit certainement l'influence des civilisations orientales; ce fut toutefois un art indigène, qui se développa en Crète et tout autour de la mer Egée[1].

Comme on a trouvé dans l'antre idéen des pointes de lances et des débris divers d'armes en bronze en même temps que ces boucliers, on peut se demander si la légende des Curètes exécutant leur danse bruyante autour de Jupiter enfant ne rappelait pas un très ancien rite du culte de Jupiter Idéen. Ce rite aurait consisté en une danse armée, accompagnée du bruit cadencé d'armes, telles que lances ou épées, frappant sur des boucliers. On sait que ce rite a existé dans l'antique religion grecque et qu'il était destiné, à l'ori-

1. Frotingham, *American Journal of Archaeology*, 1888, p. 491 et suiv.; Brunn, *Griechische Kunstgeschichte*, I, p. 93; L. Milani, *Studi e materiali di archeologia e numismatica*, I, p. 1 et suiv.

Fig. 3

Fig. 4

gine, à écarter les esprits malveillants et les mauvaises influences.

En acceptant cette hypothèse et en appliquant la même explication au mythe de Jupiter enfant, voici comment on pourrait interpréter la légende. L'antre de l'Ida a été l'un

Fig. 5

des plus anciens sanctuaires de Jupiter, et parmi les rites pratiqués dans ce sanctuaire, l'un des principaux était la danse en armes exécutée soit par les prêtres soit par les adorateurs du dieu,

L'antre de Psychro est situé au sud de l'emplacement de la ville crétoise de Lyttos ou Lyktos, dans le massif montagneux qui porte aujourd'hui le nom de mont Lassithi[1]. L'attention des savants fut attirée sur cette grotte par diverses trouvailles qu'y firent au hasard les paysans des alentours ; après diverses visites et recherches effectuées entre 1883 et 1899 par plusieurs archéologues, entre autres par M. Evans, l'exploration méthodique et complète en fut entreprise en 1900 par M. Hogarth, de l'Ecole anglaise d'Athènes. L'antre de Psychro se compose de deux parties : une entrée assez vaste, de 25 mètres de large environ, s'ouvrant à l'est et que M. Hogarth appelle la grotte supérieure ; puis un couloir souterrain, long de 84 mètres, large de 20, haut d'abord de 12 et qui va en s'abaissant dans l'intérieur de la montagne. La grotte supérieure formait probablement le sanctuaire ; ce fut là, en effet, qu'on trouva, au milieu de couches de cendres abondantes, des débris d'ossements et de cornes d'animaux, des morceaux de tables à libation, des armes et diverses offrandes en

1. Sur l'antre de Psychro, voir surtout Hogarth, *Annual of the British School at Athens*, VI (1900), p. 94 et suiv.

bronze, des figurines, des coupelles et des vases en terre cuite. La fouille paraissait terminée, lorsque M. Hogarth eut l'idée de faire des recherches dans le souterrain qui prolonge la grotte. Là il découvrit, soit dans la terre qui recouvrait le sol, soit dans les anfractuosités des piliers de stalactite qui se trouvent dans ce couloir, un assez grand nombre d'objets votifs surtout en bronze, parfois en or : aiguilles, fibules, anneaux, figurines, armes. De tout le mobilier rituel recueilli dans l'ensemble de la grotte de Psychro, les pièces les plus intéressantes sont les tables à libations, dont l'une porte une incription en caractères archaïques, qui n'a pas été déchiffrée, et les doubles haches. On sait que la double hache a été considérée comme l'arme favorite et l'attribut caractéristique d'un dieu asiatique, appelé quelquefois le Jupiter Carien. Certains savants ont même affirmé que cette arme avait été adorée comme représentant le dieu lui-même. Ce sont là des questions, auxquelles il est impossible de donner une réponse certaine, parce qu'on ne possède pas de documents formels et que l'imagination joue un grand rôle dans les interprétations que les monuments suggèrent. Comme les objets trouvés dans l'antre de Psychro appartiennent à une époque plus ancienne que les ex-voto recueillis dans l'antre idéen, on en a conclu que l'antre de Psychro était un sanctuaire plus ancien encore que celui-ci, et qu'il devait avoir été surtout fréquenté à la fin du 2ᵉ millénaire, c'est-à-dire au XIIᵉ et au XIᵉ siècle avant l'ère chrétienne.

*
* *

De Crète, transportons-nous au nord de la Grèce, en Thessalie. Là aussi de hautes montagnes se dressent, entre autres sur les frontières septentrionales du pays, l'Olympe, puis plus au sud, au delà de la vallée de Tempé, l'Ossa et le Pélion. Le sommet du Pélion domine d'une part la mer Egée, d'autre part le golfe de Volo, jadis le golfe Pagasétique. Près de ce sommet s'ouvrait, comme près du sommet de l'Ida, une caverne consacrée à Jupiter. Un historien ancien, Dicéarque, nous en parle en ces termes : « Sur le plus haut sommet de la montagne il y a une caverne, appelée l'antre de Chiron et consacrée à Jupiter Aktaios ; chaque année, au lever de la Canicule, lorsque la chaleur de l'été est le plus forte, les pre miers citoyens et les plus beaux jeunes gens de la ville des Magnètes, choisis par le prêtre du dieu, montent jusqu'à la caverne sacrée, après avoir revêtu des toisons neuves et bien épaisses, parce qu'il fait très froid sur la montagne. » Il n'y a dans le texte de Dicéarque qu'une inexactitude : c'est le mot Aktaios ; le surnom du Jupiter qu'on adorait sur le Pélion était Akraios, qui signifie le dieu du sommet ; plusieurs dédicaces à ce dieu, qui ont été découvertes près du village de Makrinitza, le plus élevé de tous ceux qui existent dans le massif du Pélion, donnent sans aucune contestation possible la forme Akraios. Le massif du Pélion a été exploré, vers 1850, par M. Mézières, alors membre de l'Ecole française d'Athènes, qui a retrouvé près du sommet l'antre de Chiron, mais qui n'a pu y pénétrer, l'entrée en ayant été obstruée depuis l'antiquité par d'énormes éboulis de rochers[1]. Le texte de Dicéarque a donné lieu à des interprétations qu'il est nécessaire de signaler et de discuter. Les historiens des religions ont retenu, parmi les détails de ce texte, la description du costume dont s'affublaient ceux qui faisaient, dans la circons-

____

1. *Archives des Missions scientifiques*, t. 3, p. 203 et suiv.

tance, l'ascension du Pélion. On y a vu un rite analogue à celui que l'on connaît sous le nom de *Dioskodion;* cette opinion est celle de François Lenormant : « Le Dioskodion, a-t-il écrit, était un rite particulier de purification usité dans plusieurs cérémonies des cultes attiques. On immolait comme victime expiatoire à Jupiter Meilichios un bœuf par chaque individu que l'on voulait purifier. La peau de la victime, appelée Dioskodion, d'où le nom s'était étendu à toute la cérémonie, était placée à terre... et l'homme soumis à la lustration s'y tenait debout sur le pied gauche. On peut rapprocher de la cérémonie attique celle qui avait lieu à Magnésie : dans la fête de Zeus Actaeos (Akraios), les premiers citoyens de la ville montaient... au temple du dieu, portant sur eux des toisons de victimes fraîchement immolées[1]. » Le rapprochement établi par M. François Lenormant nous paraît bien fragile. Il n'y a d'abord aucune analogie entre le rite qui consiste à se tenir debout sur une peau de bœuf étendue par terre et le fait de revêtir une toison de mouton avant d'entreprendre une course en mon-

----

1. *Dictionnaire des antiquités grecques et romaines,* de Daremberg et Saglio, au mot DIOSKODION.

tagne ; en second lieu, le texte de Dicéarque ne dit nullement que les dites toisons proviennent de victimes fraîchement immolées ; il indique simplement que ce sont des toisons neuves et bien épaisses, κώδια τρίποκα καῖνα.

D'autre part, on peut être tenté de ranger ce rite du culte de Zeus Akraios parmi les rites où M. S. Reinach a cru trouver des traces ou plus exactement des présomptions de totémisme. Parmi les phénomènes généraux du totémisme animal M. S. Reinach indique celui-ci : « Les hommes revêtent la peau de certains animaux, en particulier dans les cérémonies religieuses ; là où le totémisme existe, ces animaux sont des totems[1]. » Et M. Reinach ajoute : les exemples fournis par l'antiquité classique sont nombreux, bien qu'il n'y ait là que présomption de totémisme. Il est vrai que M. Reinach ne cite point, parmi ces exemples, le rite du Pélion. Nous nous bornerons donc à faire observer que dans les exemples invoqués par les partisans du totémisme, l'animal, dont la peau est revêtue soit par les fidèles, soit par les prêtres, est ou bien la victime ordinaire offerte

---

1. S. Reinach, *Cultes, Mythes et Religions*, t. I, p. 20 et suiv. ; cf. Frazer, *Le Rameau d'Or*, trad. franç., t. II, p. 131 et suiv.

au dieu, ou bien l'animal favori de la divinité.
Ici, rien de pareil n'est signalé. Pour préciser
à nouveau le sens du passage de Dicéarque,
les Magnètes qui montaient au Pélion mettaient
simplement des toisons neuves et épaisses. Et
c'est tout.

Faut-il donc nous en tenir à l'explication
donnée par le texte grec et qu'accepte d'ailleurs
M. Mézières? Ce serait uniquement pour se
protéger contre le froid que les Magnètes se
seraient ainsi affublés en plein été. Nous pen-
sons qu'on peut proposer une autre explication,
de caractère religieux. Dicéarque, qui écrivait à la fin du IVe et au commencement du
IIIe siècle av. J.-C., emploie pour décrire la cérémonie du Pélion le temps présent. Or nous
savons qu'à l'époque historique Jupiter Akraios
était le dieu principal de la confédération des
Magnètes; il est peu probable que ce dieu
n'eût pas alors ses principaux sanctuaires dans
les villes mêmes qui formaient cette confédération, en particulier dans la capitale, Démé-
trias. La caverne du Pélion était l'antique sanctuaire. On ne pouvait le délaisser complètement.
On y montait une fois par an, au plus fort de l'été,
pour obéir aux plus anciennes traditions. Et

sans doute alors on voulait que les adorateurs du dieu prissent, pour se présenter dans le vieux sanctuaire, le costume que portaient jadis les premiers fidèles de ce Jupiter, les pâtres de la montagne. On sait combien sont vivaces les antiques traditions rituelles ; nous croyons trouver dans une survivance de ce genre une explication plus simple et plus exacte que celle qu'on emprunte au Dioskodion ou à une présomption de totémisme.

2. — Les Antres de l'Acropole.

Ce n'était pas seulement dans les hautes montagnes de la Grèce qu'il y avait des cavernes sacrées. Les flancs de l'Acropole d'Athènes en étaient pour ainsi dire percés. Vers le sud, deux grottes s'ouvraient l'une dans le sanctuaire d'Esculape[1], l'autre au sommet du théâtre de Bacchus[2]. L'une et l'autre étaient des lieux de culte. Vers le nord, trois grottes au moins se succédaient de l'ouest à l'est, la grotte d'Apollon, la grotte de Pan, la grotte

1. Miss J. Harrisson, *Monuments and Mythology of ancient Athens*, p. 302-305 ; cf. P. Girard, L'*Asklépieion d'Athènes*, p. 5 et suiv. ; Kœhler, *Athenische Mittheilungen*, II, p. 184 et suiv.

2. Miss J. Harrisson, *op. cit.*, p. 267 et suiv.

d'Aglauros, l'une des filles du roi légendaire Cécrops. Sur chacune de ces grottes, les Athéniens savaient et racontaient des légendes; les savants et les chercheurs modernes ont pu d'autre part déterminer avec certitude quelle était de ces trois grottes celle d'Apollon, quelle était celle de Pan et quelle, celle d'Aglauros.

C'est dans la grotte dite d'Apollon que la poésie attique localisait quelques-uns des épisodes de la légende d'Ion, mise en œuvre par Euripide. D'après cette légende, Créuse, fille d'Erechtée, fut séduite par Apollon dans une grotte située au pied de l'Acropole ; devenue mère, ce fut là que Créuse mit au monde son enfant. Le récit de cette aventure revient à plusieurs reprises dans la tragédie d'Euripide [1]. D'après le poète, cette grotte se trouvait dans le voisinage de rochers appelés les Longs Rochers ou les Longues Pierres : Μάκραι πέτραι. Or des fouilles exécutées il y a moins de vingt ans par M. Cawadias, alors directeur général des Antiquités grecques, au pied de la pente nord de l'Acropole, dans une des grottes qui s'ouvrent là,

____

1, V. 8 et suiv.; 492 et suiv.; 1415 et suiv,

ont amené la découverte d'inscriptions dédiées à Apollon surnommé ὑπὸ Μάκραις, c'est-à-dire l'Apollon qui habite *sous les Longs Rochers*[1]. La grotte, où furent trouvés ces textes révélateurs, est profonde de 2ᵐ40, haute de 7ᵐ30, large de 4ᵐ30. On voit encore dans la paroi rocheuse les niches rectangulaires ou arrondies où s'encastraient les ex-voto et les dédicaces gravées sur des plaques de marbre. Sur quelques-uns de ces monuments, le surnom du dieu est un peu différent : Apollon y est dit ὑπ' ἄκραις, ce qui signifie *sous le sommet*. Cette déformation du nom ne doit pas nous étonner ; car les inscriptions recueillies dans cette grotte datent de l'époque romaine, tandis qu'Euripide écrivait quatre ou cinq siècles plus tôt. Dans un pareil laps de temps, la dénomination de la grotte a pu se modifier légèrement.

Près de la grotte d'Apollon se trouvait, comme le démontre un des passages d'Euripide[2], la grotte de Pan. Si l'on n'a pas trouvé dans celle-là d'inscriptions ni de traces de culte, du moins les textes anciens qui la concernent sont historiques et non légendaires. C'est

1. Cawadias, ᾽Εφήμερις Αρχαιολογική, 1897, p. 1 et suiv.
2. V. 492 et suiv.

d'abord Hérodote[1] qui nous conte l'anecdote suivante : « Un peu avant la bataille de Marathon, les Athéniens avaient envoyé à Sparte Pheidippos, coureur très exercé. Pan apparut à ce Pheidippos près du mont Parthénion en Arcadie. Le dieu, l'appelant par son nom, le pria de demander à ses concitoyens pourquoi ils ne lui rendaient point de culte, alors qu'il leur témoignait beaucoup de bienveillance et qu'il leur avait été souvent utile, comme d'ailleurs il se proposait de l'être encore dans la circonstance présente. Les Athéniens ajoutèrent foi à ce récit; quand la guerre fut terminée, ils consacrèrent à Pan un sanctuaire au pied de l'Acropole, où ils célèbrent en l'honneur du dieu des sacrifices annuels et des courses aux flambeaux. » Si Hérodote se sert du terme général et vague de sanctuaire, ἱερὸν, Lucien précise davantage dans l'un des Dialogues des Dieux[2]. Pan, s'adressant à Mercure, lui dit « : Je règne sur toute l'Arcadie ; naguère j'ai combattu pour les Athéniens à Marathon, et je me suis tellement distingué que pour prix de ma valeur, on m'a consacré la grotte située au pied de

1. L. VI, 105.
2. *Dial.*, XXII, § 3.

l'Acropole.» La grotte de Pan est mentionnée à plusieurs reprises dans la comédie d'Aristophane *Lysistrata*[1]; le poète indique qu'on y peut descendre de l'Acropole; c'est par là qu'une des compagnes de Lysistrata essaie de s'échapper, c'est par le même chemin que Myrrhina fait mine d'aller rejoindre son époux Cinésias. Or M. Cawadias, qui a exploré la grotte voisine de celle d'Apollon, y a précisément retrouvé le sentier par lequel on pouvait de là monter sur l'Acropole ou descendre de l'Acropole dans la grotte de Pan[2].

Enfin plus à l'est, M. Cawadias a encore identifié avec certitude la grotte consacrée à Aglauros ou Agraulos, fille de Cécrops. D'après les auteurs anciens, le sanctuaire d'Aglauros se trouvait au-dessus du temple des Dioscures, au-dessous de la brèche par laquelle les Perses de Xerxès pénétrèrent dans l'Acropole; un passage souterrain faisait communiquer cette grotte avec l'Erechteion qui la dominait. Ce passage souterrain a été retrouvé, et la grotte où il débouche a été certainement un lieu de culte; on y a trouvé des morceaux de plaques de

1. V. 720 et suiv.; v. 911 et suiv.
2. Cawadias, *loc. cit.*, p. 15-17.

marbre ; dans la paroi rocheuse, on voit encore une niche destinée à recevoir une inscription, sur le sol un fragment de piédestal qui devait sans doute supporter une statue et de menus débris d'ex-voto en terre cuite et en bronze[1].

Ainsi les trois cavernes, qui s'ouvrent dans la pente nord-est de l'Acropole, étaient toutes des sanctuaires. Le passage suivant d'Euripide, où elles sont rapprochées, devait être populaire à Athènes : « O séjour de Pan, grotte voisine des Longs Rochers, où les trois filles d'Agraule foulent en cadence les prairies qui s'étendent devant le sanctuaire de Pallas, tandis que dans l'antre, qui est ta demeure, ô Pan, tu tires de la syrinx des accents variés ! C'est là qu'une jeune vierge, ô l'infortunée ! séduite par Apollon, mit au jour le fruit honteux d'une funeste union et exposa son jeune enfant... » Ces vers semblent bien avoir inspiré un bas-relief, qui a été découvert en 1902 au pied de l'Acropole, et sur lequel on voit de gauche à droite, Pan jouant de la syrinx, Apollon assis et accoudé sur sa lyre, Hermès recevant les instructions

---

1. Cawadias, *loc. cit.*, p. 28-29.

d'Apollon, trois jeunes filles (probablement les trois filles de Cécrops ou Agraulos) dansant et se tenant par la main autour d'un autel ou d'une base ronde, enfin six personnages groupés représentant sans doute les donateurs du bas-relief[1]. Ce bas-relief n'est-il pas la traduction plastique des vers d'Euripide que nous venons de citer ?

3. — Les antres de Pan et des Nymphes ; l'antre de Vari.

Hors d'Athènes, il y avait en Attique d'autres cavernes sacrées ; les plus connues sont celles du Parnès, des environs de Marathon et de l'Hymette. Celle du Parnès et celle de Vari dans l'Hymette ont été récemment explorées, celle du Parnès en 1900 et 1901[2], celle de Vari en 1901[3]. La grotte de Vari est des plus curieuses. Elle se trouve dans le massif de l'Hymette, près de l'un des sommets méridionaux de ce massif, à 300 mètres environ d'altitude au-dessus du

1. Kastriotis, Ἐφημερὶς Ἀρχαιολογική, 1903, p. 39-42.
2. Πρακτικά, 1900, p. 38 et suiv. ; Ἐφημερὶς Ἀρχαιολογική 1905, p. 99 et suiv. ; 1906, p. 89 et suiv.
3. *American Journal of Archaeology*, 1903 (6 articles consécutifs).

niveau de la mer. L'entrée de la grotte est assez difficile à trouver au milieu des rochers et des arbres qui couvrent en cet endroit la pente de la montagne. Le couloir d'ouverture descend presque verticalement; long de 4 mètres, il est large au plus de 2 mètres. On y remarque encore quelques marches taillées dans le roc, plus ou moins bien conservées. Au bas de cet escalier rudimentaire, quand les yeux sont habitués à la demi-obscurité de la caverne, on reconnaît que cette grotte est divisée en deux parties par une sorte de promontoire rocheux. De-ci de-là, sur les parois les plus voisines, se lisent des inscriptions, dédicaces à Pan et aux Nymphes. Pour s'avancer vers le fond de la grotte, on peut utiliser aujourd'hui encore un escalier, dont les marches sont, elles aussi, taillées dans le roc. En plusieurs endroits de cette vaste caverne, on a sculpté sur les parois mêmes diverses figures, dont la plus curieuse est celle d'un personnage assis sur un trône. La tête de cette statue ayant disparu, on ne peut dire avec certitude qui elle représentait. Plus loin, auprès d'un autel dédié à Apollon Ersos, s'enlève en relief sur le mur de la grotte l'image d'un homme debout, un peu plus grande que

nature, qui tient d'une main un pic de carrier
ou de tailleur de pierre, de l'autre une équerre.
Près de ce personnage se lit le nom, gravé deux
fois, de Archedemos. Cet Archedemos a joué
un rôle important dans l'histoire de cette grotte.
Il était originaire de l'île de Théra, au sud de
la mer Egée; cinq inscriptions différentes de la
caverne le nomment et nous donnent des détails
sur lui. La plus explicite de ces inscriptions
nous apprend qu'étant possédé des Nymphes
(νυμφόληπτος), il exécuta, sur le conseil même
de celles-ci, des travaux dans l'antre, ce qui signifie sans doute qu'il y aménagea l'autel d'A-
pollon Ersos, près duquel il est figuré dans l'attitude et avec les outils d'un tailleur de pierre,
et aussi qu'il y prépara diverses niches dans
lesquelles il plaça des dédicaces ou des ex-voto.
C'était une croyance répandue chez les Grecs
que les Nymphes pouvaient s'emparer de l'esprit
des humains : ainsi, dans le Cithéron, montagne
qui se dresse à la limite de l'Attique et de la
Béotie, au-dessous d'un des principaux sommets
Pausanias[1] nous signale l'antre des Nymphes
Sphragitides; et Plutarque, dans la Vie d'Aris-

1. Pausanias, IX, 3, § 9.

tide[1], rapporte que ces Nymphes inspiraient la plupart des habitants du pays, que l'on surnommait des Nympholeptes ou possédés. Cette croyance n'a pas encore complètement disparu. M. Heuzey, dans son *Exploration du mont Olympe*, raconte qu'il y a dans ce massif une grotte, où les paysans refusent d'aller et de conduire les voyageurs, parce qu'ils se figurent qu'elle est hantée par des génies malveillants[2]. A l'autre extrémité du monde grec, en Cyrénaïque, les Bédouins qui occupent l'emplacement de Cyrène prétendent de même que le canal souterrain, d'où sort la principale source du lieu, est occupé par des démons malfaisants ; ils refusent d'y pénétrer et d'y guider les explorateurs. Du moins, dans l'antiquité, on s'efforçait d'apaiser le courroux et de gagner la faveur de ces Nymphes et de Pan, leur compagnon, en leur adressant des prières, en apportant dans leurs grottes des offrandes et des ex-voto. Dans la grotte de Vari, comme dans celle du Parnès, on a retrouvé beaucoup de ces ex-voto et de ces offrandes : ce sont, par exemple, des bas-reliefs en marbre représentant en général trois Nymphes

1. § 11.
2. Heuzey, *Le Mont Olympe et l'Acarnanie*, p. 204.

se tenant par la main et conduites par Mercure ; Pan figure toujours dans le tableau, debout et jouant de la double flûte ; ce sont encore divers objets ou débris d'objets en terre cuite, vases peints ou non, figurines et statuettes ; ce sont aussi des monnaies et des lampes, ces dernières en quantité considérable ; on en a trouvé près d'un millier qui datent presque toutes soit de l'époque romaine, soit même de la période chrétienne. Parmi les documents trouvés dans l'antre de Vari, les plus anciens remontent à la première moitié du Ve siècle avant J.-C., les plus récents appartiennent à l'époque byzantine. Un millier d'années environ les séparent les uns des autres.

C'était aussi Pan et les Nymphes que l'on adorait dans la grotte du Parnès, dans celle des environs de Marathon, dans l'antre Corycien voisin de Delphes, dans plusieurs grottes d'Arcadie. Ces êtres divins personnifiaient aux yeux des Grecs la végétation sauvage qui tapissait les pentes de leurs montagnes et les sources qui jaillissaient ici et là entre les rochers.

4. — Les cavernes de Cérès et Proserpine.

Parmi les divinités dont les Grecs avaient placé la résidence et le domaine dans les profondeurs souterraines du sol, les principales étaient Cérès et sa fille Proserpine, ainsi que Pluton ou Hadès. Les crevasses, les fissures, les gouffres naturels passaient pour être les portes ou les ouvertures de ce monde redoutable. C'était près de ces gouffres qu'on évoquait les morts. C'était par une grotte du Ténare en Laconie qu'Hercule était revenu sur la terre, emmenant avec lui le chien des Enfers, Cerbère. De même, certaines grottes ou crevasses naturelles étaient consacrées à Cérès et Proserpine, les divinités de la terre féconde, les déesses qui engendrent les moissons et les fruits. Deux de ces sanctuaires souterrains méritent de retenir un peu notre attention, à cause des rites qui s'y célébraient ou des particularités qu'ils présentaient.

L'un se trouvait entre Thèbes et Athènes, près du fleuve Asopos : « Lorsqu'on a traversé l'Asopos, dit Pausanias, à dix stades tout au plus de Thèbes (à moins de deux kilomètres), on trouve les ruines de la ville de Potniæ, et dans ces ruines un bois sacré de Cérès et de sa fille. Les statues que l'on voit encore près du fleuve qui arrose Potniæ sont appelées par les gens du pays les Déesses Potniades. A certaines dates fixées, on célèbre en l'honneur de ces déesses diverses cérémonies; entre autres rites, on jette dans les souterrains appelés les Megara des cochons de lait; on prétend que ces animaux se retrouvent l'année suivante à Dodone. Si d'autres croient à cela, moi je n'y crois pas[1]. » Nous n'y croirons pas davantage; mais pour ce qui est du rite, qui consiste à jeter des cochons de lait dans des souterrains en l'honneur de Cérès et de Proserpine, nous en trouvons la confirmation et une description plus détaillée chez un commentateur de Lucien[2]. Voici en quoi consistait le rite : chaque année on jetait ou on allait déposer dans les profondeurs du souterrain naturel consacré aux deux déesses des cochons de lait et des gâteaux; l'année sui-

1. Pausanias, IX, 8, § 1.
2. La scholie de Lucien a été publiée d'abord par Rohde, dans le *Rheinische Museum*, t. XXV (1870), p. 549, puis par Farnell, dans son grand ouvrage, *Cults of the Greek States*, III, p. 327.

vante, à une date déterminée, des femmes,
spécialement préparées par des purifications
au rôle qu'elles allaient jouer, descendaient
dans le souterrain; elles y recueillaient avec
soin les débris putréfiés des victimes et des
offrandes de l'année précédente, et les paysans
d'alentour cherchaient à l'envi à se procurer
de ces débris pour les mélanger avec leurs se-
mences et leurs graines; ils croyaient par là
s'assurer une abondante moisson. Des rites
analogues se pratiquaient en Attique en l'honneur des mêmes déesses. Quel peut être le
sens de tels rites? Il est probable que, si les
paysans de la Béotie et de l'Attique attribuaient
ainsi une action fécondante aux restes pourris
des victimes et des offrandes déposées dans les
souterrains de Cérès et Proserpine, c'est que
dans leur pensée ces victimes et ces offrandes,
pendant le temps qu'elles étaient demeurées
sous terre, avaient été comme imprégnées de
la puissance fécondante attribuée aux deux
déesses. Cérès et Proserpine, dont on croyait
qu'elles habitaient ou tout au moins qu'elles
hantaient les cavernes et les crevasses, leur
avaient communiqué une partie de leur propre
force. N'y a-t-il pas là comme les traces d'une

conception fort ancienne, grossière et maté-
rialiste, des rapports entre l'homme et la divinité ?

C'étaient probablement aussi des survivances
de conceptions fort anciennes qui se rencontraient dans le culte de la Cérès Noire à Phigalie. Voici ce que Pausanias nous en dit :
« Cérès, irritée contre Neptune et affligée de
l'enlèvement de Proserpine, prit des vêtements
noirs, se retira dans cet antre et ne reparut pas.
Toutes les productions de la terre périssaient,
la famine même tuait la plus grande partie des
humains, sans qu'aucun des dieux sût où Cérès
s'était cachée. Pan, qui parcourait l'Arcadie et
allait chasser tantôt sur une montagne, tantôt
sur une autre, vint sur le mont Elaion et re-
connut Cérès malgré la forme et les vêtements
qu'elle avait pris. Jupiter, ayant su de Pan où
elle était, lui envoya les Parques, qui réussi-
rent à la fléchir et à calmer sa colère. Voilà
pourquoi les habitants de Phigalie considèrent
cet antre comme consacré à Cérès; ils y avaient
placé une statue en bois de la déesse; elle était
représentée assise sur une pierre; sur un corps
de femme, elle avait une tête et une crinière
de cheval; autour de sa tête, on avait repré-

senté des serpents et d'autres bêtes sauvages, qui paraissaient en sortir...

... C'est principalement pour cette Cérès que j'ai fait le voyage de Phigalie. Je lui ai présenté des offrandes à la manière des gens du pays, qui n'immolent en son honneur aucune victime ; on se contente de lui offrir des fruits cultivés de toutes les espèces, entre autres des raisins, puis des rayons de miel, des toisons de brebis ayant encore leur suint. On place toutes ces offrandes sur un autel bâti devant l'antre et on verse de l'huile par-dessus. Voilà ce qui s'observe non seulement pour les dévotions des particuliers, mais encore dans les cérémonies publiques qui se célèbrent tous les ans... Il y a, autour de l'antre, un bois de chêne avec une source d'eau très froide[1].

Ce qu'il faut retenir ici, c'est la forme semi-animale donnée à la déesse. Il convient d'en rapprocher certaines découvertes curieuses faites non loin de Phigalie, à Lykosoura ; sur un fragment de statue, on distingue une procession d'êtres humains à têtes d'animaux, et d'autre part on a recueilli sur l'emplacement du sanc-

_____

1. Pausanias, VIII, 42.

tuaire de la Proserpine arcadienne, appelée
Despoina ou la Maîtresse, de nombreuses
figurines de terre cuite représentant des êtres
humains à têtes d'animaux[1]. On saisit ici les
traces incontestables de ce qu'on appelle le
thériomorphisme, c'est-à-dire l'habitude de
donner à des divinités une forme animale.

5. — Les oracles

Mais, nous l'avons vu, la Terre passait aussi
pour être l'inspiratrice des révélations surnaturelles. Et c'est cette idée qui, d'après M. Bou-
ché-Leclerq, l'auteur du grand ouvrage sur
l'*Histoire de la Divination dans l'Antiquité*, fit
placer des oracles dans les antres et les cavernes.

Parmi ces oracles, l'un des plus fameux et
l'un de ceux où les rites étaient le plus étranges
est l'oracle de Trophonios en Béotie. Pausanias,
qui l'a consulté, nous en parle en ces termes :
(Après les sacrifices, purifications, observations
des entrailles des victimes, on conduit le consultant à l'oracle de Trophonios). « L'oracle

1. Frazer, *Pausanias*, t. IV, p. 371 et suiv.; Perdrizet, *Bulletin
de Correspondance hellénique*, 1899, p. 635.

est dans la montagne, au-dessus du bois sacré.
On y voit une plate-forme ronde en marbre
blanc, dont la surface est comme celle d'une
petite aire; la hauteur en est de deux coudées. Sur les bords de cette plate-forme, il
y a des barreaux de bronze réunis entre eux
par des cercles de même métal; c'est entre
ces barreaux que sont pratiquées les portes. A
l'intérieur de cette enceinte existe un trou, qui
n'est point naturel, qui a été aménagé avec
beaucoup d'art et de régularité. Il ressemble à
la bouche d'un four; son diamètre est d'environ 4 coudées; sa profondeur ne parait pas en dé-
passer 8. Pour atteindre le fond de cette exca-
vation, il n'y a point d'escalier. Lorsqu'un
consultant veut descendre auprès de Trophonios, on lui fournit une échelle droite et légère.
En descendant cette échelle, entre l'entrée
du trou et le fond, on rencontre une cavité,
dont la largeur est, dit-on, de deux spithames,
et la hauteur d'un seul spithame. Une fois descendu, on se couche sur le fond, en tenant dans
chaque main un gâteau pétri avec du miel; on
met ses pieds dans le trou dont il vient d'être
question, on cherche à y faire entrer ses jambes
jusqu'aux genoux; dès qu'on y a réussi, on sent

son corps attiré et entraîné avec autant de force et de rapidité que peut l'être un homme par les tourbillons qui se forment dans les fleuves les plus grands. Ceux qui de là sont parvenus au fond de l'antre secret n'apprennent pas tous l'avenir de la même manière ; il y en a qui voient ce qui doit leur arriver ; d'autres l'apprennent par ce qu'ils entendent. On remonte par le même trou par lequel on est descendu, et on en ressort les pieds en avant... Je raconte tout cela non par ouï-dire, mais pour avoir vu des gens qui avaient consulté l'oracle de Trophonios et pour l'avoir consulté moi-même [1]. »

D'autres écrivains anciens, entre autres Plutarque et Philostrate [2], confirment le récit de Pausanias. D'ailleurs le terme officiel, employé dans des inscriptions pour désigner le mode de consultation de l'oracle, est κατάβασις, c'est-à-dire la descente.

Moins étrange, mais fort curieux néanmoins, était l'oracle que l'on rencontrait, un peu au-dessus du littoral du golfe de Corinthe, en Achaïe près de la ville de Bura. Cet oracle se

1. Pausanias, ix, 39.
2. Philostrate, *Vie d'Apollonius*, viii, 19.

trouvait dans une grotte consacrée à Hercule. C'est encore Pausanias qui nous le fait connaître : « Lorsqu'on descend de Bura vers la mer, on voit le fleuve appelé Buraïque et dans une caverne une petite image d'Hercule, qui porte lui aussi le surnom de Buraïque. Il y a dans cette caverne un oracle dont les réponses se font connaître par le moyen de plusieurs dés et d'un tableau. Quand on veut consulter cet oracle, on adresse d'abord une prière au dieu en se plaçant devant son image ; puis on prend un certain nombre de dés (dont il y a toujours là une assez grande quantité) et on en jette quatre sur une table. L'explication des divers coups de dés est donnée sur le tableau ; on va l'y chercher. Cette caverne se trouve à environ trente stades d'Hélikè par le chemin le plus court[1]. »

D'autres fois, l'oracle, la révélation surnaturelle n'émanait pas de la terre directement, mais était transmise aux prêtres, aux devins ou aux devineresses tantôt par des vapeurs méphitiques ou enivrantes comme à Delphes,

---

1. Pausanias, VII, 25, § 10.

tantôt par l'eau d'une source qui jaillissait dans la grotte. Ce dernier cas était celui d'un oracle fameux en Asie-Mineure, celui d'Apollon de Claros, près de Colophon. « Là, nous apprend Tacite, ce n'est point une femme qui rend l'oracle; c'est un prêtre, qui doit appartenir à certaines familles privilégiées et être originaire de Milet; on lui indique le nombre des personnages venus pour consulter le dieu et on lui donne leurs noms; alors il descend dans la grotte, puise et boit de l'eau de la source secrète; puis, bien qu'il soit le plus souvent peu lettré et point poète, il donne, en vers, les réponses aux questions que chacun des consultants a posées dans sa propre pensée, sans les faire connaître d'avance[1]. » Si c'est à Tacite que nous devons ces renseignements, c'est parce que l'oracle fut consulté, à l'époque de Tibère, par Germanicus.

Ainsi, Mesdames et Messieurs, comme le démontre cette énumération, déjà trop longue et qui pourtant est loin d'être complète, les cavernes sacrées ont été nombreuses dans la Grèce antique. Les cultes qu'on y célébrait, les

---

1. Tacite, *Annales*, ii, 54.

rites qn'on y pratiquait s'adressaient à des divinités nombreuses et variées. Il me suffira maintenant de mettre en lumière certains caractères généraux de ces rites et de ces cultes, pour vous mieux convaincre encore, je l'espère du moins, de l'importance et de l'intérêt de ces modestes lieux de culte.

III

Que les cavernes sacrées, dont nous venons de parler, aient été de très anciens lieux de culte, c'est ce qui ressort avec évidence soit des légendes qu'on y localisait, soit des découvertes archéologiques qu'on y a faites récemment. Aussi bien le philosophe Porphyre, qui vivait au IIIe siècle après J.-C., affirme qu'elles ont précédé les temples proprement dits : « Les cavernes et les antres (σπήλαια καὶ ἄντρα), dit-il, furent consacrés aux dieux par les premiers hommes avant qu'on eût imaginé de construire des temples[1]. » Mais faut-il croire que les temples, édifiés par la main des hommes, aient partout supplanté, comme sanctuaires, les cavernes et les crevasses naturelles? Cette

1. Porphyre, *De antro Nympharum*, 20.

hypothèse est contredite par de nombreux faits. En Crète, l'antre de Jupiter Idéen continua d'être visité par des dévots ou des pèlerins jusqu'à l'époque romaine; parmi les monnaies qu'on y a recueillies, il en est qui sont à l'effigie d'une famille romaine, celle des Lollii, et d'autres datent du temps d'Auguste. Diverses inscriptions de Lébadée en Béotie, qui mentionnent le culte et l'antre de Trophonios, appartiennent les unes au IVe siècle av. J.-C., c'est-à-dire à l'époque de Démosthène, de Philippe, d'Alexandre, les autres aux IIe et IIIe siècles de l'ère chrétienne, c'est-à-dire à la période des Antonins et des Sévères. En Attique, les dédicaces et les ex-voto retrouvés dans l'antre d'Apollon portent en grande majorité des noms romains. Dans la grotte du Parnès, si les plus anciens débris d'ex-voto remontent à l'époque préhistorique, plusieurs bas-reliefs avec inscriptions sont datés des Ve, IVe, IIIe et IIe siècles av. J.-C.; de nombreuses monnaies sont contemporaines de l'empire romain; enfin tout près de la surface du sol actuel, on a recueilli des lampes en terre cuite décorées du monogramme du Christ, par conséquent d'époque chrétienne. Les rites curieux du culte de

Cérès la Noire en Arcadie se pratiquaient encore, sous leur forme antique, dans la grotte de Phigalie au temps de Pausanias. Dans la vallée du Méandre, Strabon, géographe contemporain d'Auguste et de Tibère, raconte qu'il a visité le Ploutonium d'Hiérapolis et qu'il a assisté aux rites qu'on y pratiquait[1]. Enfin Germanicus, en route pour la Syrie, s'arrêta près de Colophon, afin de consulter l'oracle d'Apollon de Claros.

Ainsi donc, il n'est pas douteux que beaucoup de cavernes sacrées aient été des lieux de culte ou des oracles très fréquentés jusque dans les derniers siècles de la période antique. Et ce n'étaient pas là des sanctuaires exclusivement populaires, méconnus ou dédaignés soit des pouvoirs publics, soit des hautes classes de la société. Comme nous l'avons vu, c'étaient les citoyens d'élite et les plus beaux jeunes gens de la cité des Magnètes, en Thessalie, qui montaient chaque année, lors de la Canicule, à l'antre sacré de Jupiter Akraios sur le Pélion. Le culte de Trophonios resta toujours l'un des cultes officiels de la cité de Lébadée :

1. Strabon, XIII, 4, § 14.

un décret municipal du IVe siècle av. J.-C. stipule que quiconque descendra dans l'antre devra verser au trésor du dieu une contribution en espèces et offrir des gâteaux sacrés pour la valeur de dix drachmes ; la liste de donateurs, qui suit le texte du décret, commence par le nom d'Amyntas, fils de Perdiccas, roi de Macédoine et renferme les noms de personnages venus de très loin, de Tenos, de Milet, de Cos, par exemple ; sous l'empire romain, au temps de Marc-Aurèle et de Commode, on célébrait à Lébadée des jeux appelés les Trophonia. La plupart des textes votifs, qui ont été retrouvés dans la grotte d'Apollon à l'Acropole, sont signés de noms d'archontes, de l'archonte-roi, de l'archonte-polémarque, de thesmothètes.

Par conséquent, il est démontré que les très anciens cultes des cavernes sacrées n'avaient pas été relégués à l'époque historique au rang des superstitions populaires ; ces cultes furent encore célébrés, jusque sous l'empire romain, soit officiellement au nom des cités, comme la ville des Magnètes et Lébadée, soit par des personnages qui occupaient un rang social élevé, comme les archontes d'Athènes.

Et ce n'est pas non plus un fait historique sans importance que la survivance de ces sanctuaires après le triomphe du christianisme et jusque dans notre siècle. Les lampes chrétiennes, trouvées dans les cavernes sacrées du Parnès et de l'Hymette au-dessus des ex-voto païens, prouvent que ces antres continuèrent d'être fréquentés, comme lieux de culte, à l'époque où Pan et les Nymphes n'y étaient plus invoqués. De nos jours, le culte de la Panagia a remplacé celui d'Esculape dans l'une des grottes du flanc sud de l'Acropole d'Athènes; il se célèbre aussi dans la grotte située au sommet du théâtre de Bacchus et là la Vierge est invoquée sous le nom de Panagia Speliotissa, c'est-à-dire la Vierge de la grotte. De même encore la Panagia est aujourd'hui invoquée dans la caverne d'Arcadie, à l'entrée de laquelle les gens de Phigalie pratiquaient jadis les rites du culte de Cérès la Noire.

Ces survivances sont peut-être les meilleures preuves que l'on puisse invoquer pour démontrer combien de tels cultes étaient profondément enracinés dans l'âme hellénique. Assurément les artistes, les historiens de l'art, les esprits sensibles surtout à la beauté dédaigneront ces humbles sanctuaires et ne se lasseront pas d'admirer le Parthénon, l'Erechtéion, les sanctuaires de Delphes, de Délos et d'Olympie; mais les historiens de la religion grecque et tous ceux qui aspirent à retrouver, par-delà les formes admirables qu'ont réalisées les Phidias, les Polyclète, les Praxitèle, les Scopas, l'âme même de la Grèce antique, ceux-là comprendront combien l'étude des cavernes sacrées et des cultes que les Grecs y célébraient peut être suggestive et intéressante.

Les cérémonies splendides, dont les frises incomparables du temple d'Athena Parthenos nous ont conservé l'image; la procession, qui se déroulait à travers les rues d'Athènes et qui montait lentement sur l'Acropole, en passant par les Propylées; l'hécatombe dont le sang rougissait l'autel de la déesse : tout cela a disparu, et la dernière prière, qu'entendit la grande divinité de l'Acropole, lui fut adressée par un fils de Barbares, venu des bords d'une mer sombre, hérissée de rochers, toujours battue par les orages. Au contraire, les paysans de l'Attique n'ont pas cessé, à travers les siècles, à travers les épreuves et les jours de deuil, de venir prier dans plusieurs des grottes, qui

se creusent aux flancs de l'Acropole : c'est là,
et non dans le splendide Parthénon toujours
debout pourtant, qu'ils ont substitué à leurs anciens cultes païens la religion touchante de la
Vierge, sainte entre les saintes, de la Panagia !

PÉLERINAGE

AUX

TEMPLES JAINAS DU GIRNAR

PAR

Mlle D. MENANT

On se méprendrait étrangement sur le caractère de l'Hindou si on le jugeait d'après l'attachement passionné qu'il garde pour sa ville et pour son village. Casanier, certes, il l'est, — dans une certaine mesure, — c'est-à-dire qu'il éprouve au point de vue du confort et des habitudes familiales un profond déplaisir quand il lui faut changer de région. L'horreur des Brahmanes pour les voyages par mer qui, en leur faisant perdre leur caste, les obligent à subir des purifications pénibles et à payer des amendes coûteuses, a beaucoup contribué à vulgariser cette idée. Mais si l'Hindou répugne à s'éloigner du sol natal, sa foi le convie à y circuler librement. Pour les ascètes et les mendiants religieux, la

11.

vie est un déplacement perpétuel ; ils vivent d'aumônes et fréquentent les monastères et les lieux de prières. Pour le laïque, le pèlerinage est l'une des œuvres de piété qui lui sont recommandées, le moyen infaillible d'acquérir le salut et l'union avec Dieu. Benarès est le plus fameux ; qui ne connaît, au moins de nom, Benarès, la ville sainte, la Mecque, la Jérusalem des Hindous, l'endroit le plus révéré de l'Inde, création parfaite de la divinité, formée d'une terre exempte de souillure, distincte du reste du monde et portée sur l'une des pointes du trident de Siva ? En outre, le Gange qui la baigne est une rivière sacrée ; vous savez, — je me permets de vous le rappeler, — que, dans le Véda (R.V., X, 30 ; X, 9 ; VI, 47), les eaux sont personnifiées, honorées comme des déesses, traitées en mères de la terre et douées de vertus purifiantes et curatives (X, 17 ; VI, 50, 7). Or, pour le Gange, ces vertus sont d'un ordre supérieur ; c'est la rivière sacrée par excellence, sortie du pied de Vishnou ; tout péché, quelque odieux qu'il puisse être, même celui de manger de la viande de bœuf, est lavé dans ses ondes. Mourir en voyant le Gange est une grâce suprême. On y apporte de loin les malades, voire les agonisants, et l'on y

vient jeter les cendres des êtres chers. Les autres
fleuves, Nerbudda, Tapti, Kistna, Godaveri,
sont l'objet du même culte. Longer leur cours
à pied constitue un acte éminemment méritoire ; tel pèlerin parti des sources du Gange
suit la rive droite jusqu'à son embouchure ;
arrivé là, il retourne d'où il est venu en prenant
la rive gauche. Cette tournée exige six ans ; pour
la Nerbudda, il en faut trois ; pour la Godaveri
et la Kistna, deux seulement. On comprend que
ces longs déplacements ne sont pas sans dan-
gers. Le pèlerin ne rentre pas toujours dans ses
foyers ; souvent des familles entières qui ont
suivi leur chef, finissent misérablement, ap-
pauvries et isolées. Les montagnes sont également considérées comme des lieux saints,
quelques-unes à cause de leurs cimes élevées
auxquelles le fidèle reconnaît la forme du *lin-
gam*. Ainsi la chaîne majestueuse de l'Himalaya
est personnifiée et déifiée. Dans certains cas,
le zèle religieux de l'Hindou ne connaît pas
d'obstacles : il le porte jusqu'à ses points les
plus élevés, à Ambarnath, par exemple, où le
fidèle va rendre visite à Siva et coller ses lèvres
aux stalactites glacées de la grotte sainte. Les
difficultés du voyage, les jeûnes imposés, les

ablutions dans les cours d'eau gelés, rien ne le rebute ; s'il meurt en chemin, il est sûr de gagner le Paradis.

Aujourd'hui, nous allons accomplir l'un des pèlerinages les plus célèbres de la communauté des Jainas qui attache, elle aussi, une sainteté spéciale à quelques montagnes. Jadis, très influent à la cour des princes et très apprécié par les masses, le Jainisme a, de nos jours, perdu son lustre et sa popularité ; mais il compte encore plus d'un million d'adeptes, répandus en partie dans le Guzarate[1]. Ses principaux sanctuaires, toujours bâtis au haut des montagnes où ils forment de pittoresques groupements, sont, — dans l'Inde du Nord, — Paresnath au Bengale, Abou sur un éperon de l'Aravalli, Satrunjaya et Girnar dans la presqu'île du Kathiawar. C'est au pic sacré du Girnar que je vais vous conduire ; les Jainas y rendent hommage à Neminath, le 22e Jina ou grand prophète ; car, à la différence des autres Hindous, ils n'adorent pas un dieu du panthéon brahmanique, mais un être humain qui, par ses vertus, son renoncement, en un mot, sa victoire sur ses sens, a mérité de servir

---

1. Les Jainas sont cantonnés en outre dans le Radjpoutana, le Penjab et les districts dravidiens du Canara.

de modèle aux autres hommes. Ce trait spécial
a fait comparer le Jaïnisme au Bouddhisme,
« pourvu d'une mythologie non de dieux, mais
de saints ». En conséquence, l'idéal de tout
Jaïna est de bâtir un temple où il place l'image
d'un de ses Jinas, « la prière en pierre », d'après
Fergusson, et cette prière trouvera son expression de foi et d'amour dans la beauté des formes
architecturales, la richesse des détails et la
somptuosité de l'ensemble. Vous pourrez en
juger bientôt. Toutefois je vais essayer, au
préalable, de vous donner un aperçu de cette
secte fameuse, de ses doctrines et de ses destinées : moins connue que le Bouddhisme, avec
lequel on l'a confondue pendant longtemps,
elle a repris sa vraie place dans l'histoire
des religions de l'Inde. Les documents épigraphiques et archéologiques abondent, et ce serait
à une autorité compétente à traiter un sujet aussi
relevé avec tous les développements qu'il comporte, — je m'excuse même de l'aborder —;[1]
mais ces quelques détails sont indispensables

[1]. Cf. Guérinot, *Essai de Bibliographie Jaina*, répertoire analytique et méthodique des travaux relatifs au Jaïnisme, avec planches hors texte (*Annales du Musée Guimet*, Bibliothèque d'études,
tome XXII). Paris, Ernest Leroux, 1906,

pour faire comprendre l'intérêt qui s'attache aux temples du Girnar. J'en parlerai aussi briévement que possible.

* *
*

On a pendant longtemps considéré les Jainas comme les débris des Bouddhistes qui, par suite d'un compromis avec l'Hindouisme, avaient réussi à échapper aux persécutions des Brahmanes et à se constituer en caste indépendante. Le fait que les Bouddhistes ont pour ainsi dire disparu de l'Inde et que les Jainas sont arrivés jusqu'aux temps modernes avec leur foi traditionnelle, leurs temples et leurs monastères, ce fait, dis-je, était en lui-même assez curieux pour éveiller l'attention et suggérer des hypothèses. L'histoire de leurs origines a donc été l'objet de discussions qui méritent d'être rapportées. Si, d'une part, l'on interroge les documents indigènes, l'antériorité du Jainisme se dégage ; de l'autre, on voit que, dans son VII° édit (celui du pilier de Delhi), Asoka fait figurer à côté des Bouddhistes et des Ajivikas la secte des Nirgranthas, dans lesquels on reconnaît les *Digambaras*, l'une des grandes divisions du Jainisme. La séparation des deux sectes, Digambaras et Svetambaras, se retrouve également dans certains écrits des Bouddhistes, et, d'après les inscriptions gravées sur les plaques de cuivre découvertes à Mysore, elle devait être accomplie dès le Ve siècle ou le VIe de l'ère chrétienne. Maintenant, si l'on consulte les Jainas et qu'on adopte leurs données traditionnelles, le fondateur de leur religion serait un ascète fameux du nom de Mahavira, qui vivait à une époque contemporaine du Bouddha; mais s'en rapporter à la tradition aurait été trop simple. Il fallait trouver autre chose. A-t-on réussi ? C'est ce que nous allons voir.

On ne pouvait nier les rapports et les dissemblances qui existent entre le Bouddhisme et le Jainisme, tout en contestant à celui-ci sa priorité. Wilson ne le faisait remonter qu'à 1.200 ans; Weber le considérait comme une des sectes les plus anciennes du Bouddhisme; Lassen inclinait à y voir un rameau schismatique; Barth partageait cette opinion, avec la réserve que la secte avait pris naissance au sein du Bouddhisme; Oldenberg, d'après les textes palis, l'identifiait avec celle des Nirgranthas. Enfin M. Jacobi, qui s'est adonné à l'étude des écritures sacrées des Jainas, a apporté de vives lumières sur la

question [1]. Le Jainisme lui doit « sa réhabilita-
» tion comme une des plus anciennes organisa-
» tions monastiques de l'Inde [2] ». Il a démontré
que le Bouddhisme et le Jainisme sont, l'un et
l'autre, des religions sorties du Brahmanisme,
non par une réforme qui se serait accomplie
soudainement, mais comme le résultat d'un
mouvement lent et continu, et il donne la priorité au Jainisme. Fondé par Parsvanath, le 23e
Jina, il aurait été réformé par le dernier, Mahavira, contemporain du Bouddha. C'est, comme
vous le voyez, accueillir la tradition et la faire
passer dans le domaine de l'histoire. L'adoration du Jina étant le trait caractéristique et
fondamental du Jainisme, nous en dirons maintenant quelques mots pour mieux faire comprendre l'apothéose de Neminath au Girnar.

Nous nous trouvons précisément en présence
de l'un de ces rapports et à la fois d'une de ces
dissemblances qui existent entre le Bouddhisme
et le Jainisme, la vénération de Bons, com-

1. Jacobi, *Jaina Sutras, translated from Prâkrit.* 2 vol. *S. B. E.*
vol. XXII et XLV. Clarendon Press, Oxford, 1884 et 1895. Intro-
duction, part. I.

2. Hœrnle, *Jainism and Buddhism.* Proceedings of the As. Soc.
of Bengal, 1898, p. 39. Calcutta 1899. Les travaux de M. Jacobi
se complètent pas ceux de MM. Buhler et Hœrnle.

mune aux deux, mais élargie par les Jainas et accommodée a leur propre doctrine. Ainsi les Bouddhistes reconnaissent un nombre limité de Bouddhas ayant vécu sur cette terre et atteint la béatitude suprême. Quant aux Jainas, ils divisent le temps en ères successives et assignent à chacune 24 Jinas ou saints personnages ; il y en a eu 24 dans le passé ; il y en a 24 dans le présent ; il y en aura 24 dans l'avenir. L'explication de ce culte se trouve dans l'essence même de leur croyance : les Jainas repoussent un Dieu suprême et personnel pour accorder leur foi à celui qui a réalisé la voie de la délivrance, c'est-à-dire au *Jina* ou *Tîrtankara,* et c'est en lui qu'ils cherchent le salut. A l'origine, le Jina, pareil aux autres mortels, a été en proie à la douleur et aux misères de ce monde; mais, affranchi de la loi de *Karma*[1] par ses efforts et sa volonté constante, il a découvert et enseigné le chemin de l'émancipation. Or le Jainisme acceptant la croyance à la transmigration et à ses épreuves, il est logique de suivre celui qui aide à diminuer les étapes douloureuses et mène le plus rapidement à la délivrance finale (*moksha*).

1. *Karma* s'emploie dans le sens de « conséquence des actes », c'est-à-dire de cause déterminante d'une nouvelle transmigration.

... « Il est, selon les écritures sacrées des
» Jainas, (*Uttarâdhyayana sûtra*), une place
» sûre, mais difficile à atteindre, où il n'y a ni
» vieillesse, ni mort, ni peine, ni maladie. —
» C'est ce qui est appelé la libération de la peine
» ou perfection ; c'est la place sûre, heureuse
» et paisible qu'atteignent les grands sages. —
» C'est la place éternelle, mais difficile à at-
» teindre. Ces sages qui l'atteignent sont libérés
» de chagrins ; ils ont mis un terme au cours de
» l'existence... »

La vraie voie pour obtenir cette libération
sera l'ascétisme, que le Bouddhisme et le
Jainisme n'ont fait, d'ailleurs, que recueillir de
l'enseignement brahmanique, et que nous trou-
verons poussé chez les Jinas jusqu'à ses ex-
trêmes limites.

Le premier, Vrishabha, de race royale, remonte à une antiquité fabuleuse ; on le considère même comme une sorte d'anachorète brahmane ; il apparaît aussi comme législateur et
instituteur des peuples auxquels il aurait appris
les arts utiles. Fils d'un roi de Koçala (*Ayodhya*), il abdiqua pour s'adonner à une vie de
méditation et d'apostolat. Selon certaines chroniques, il s'éteignit sur le mont Satrunjaya.

Pl. 1. — *Rishabdeva. (Vrishabha)*

D'après la croyance à la transmigration, il avait dû parcourir plusieurs existences avant d'arriver à la libération finale de toute renaissance. On retrouve la mention de ces existences chez presque tous les Jinas (pl. 1).

Les Jainas lui attribuent une hauteur prodigieuse et une existence de plusieurs millions d'années. Il aurait eu cent fils ; les deux aînés montèrent sur le trône, mais abdiquèrent pour se consacrer à la vie religieuse. Le second, Gomata, a sa statue colossale au sommet d'une des montagnes qui dominent la petite ville de Sravana Belgola, enigmatique figure dans l'iconographie jaina. On représente Vrishabha nu, avec le teint jaune d'or. Ses statues colossales[1] sont marquées de son emblème, le taureau[2]. Comme personnage divin, il a pour divinité tutélaire la *Sakti* des dieux brahmaniques appelée Chakresvari. Nous n'insisterons pas sur les faits merveilleux de sa vie. Un seul point à retenir :

1. On a essayé de trouver un rapport entre les statues colossales des Jinas considérées au point de vue de la force corporelle qu'elles indiquent et la puissance spirituelle attribuée aux saints du jaïnisme. Il est dit aussi que les hommes des premiers âges étaient des géants doués d'une longévité prodigieuse.

2. Le taureau a été pris pour emblème de Vrishabha à cause d'une figure de cet animal empreinte sur un des pieds du saint.

Brahmanes et Jainas le mentionnent également.

Nous passerons rapidement sur les autres Jinas, dont on ne connaît guère que le nom, la taille gigantesque et l'étonnante longévité. On les distingue par leur teint, jaune, noir, blanc, bleu, et leur emblème *(chincha)*[1], singe, courlis, éléphant, crocodile, tortue, conque, lotus, etc. Tous ont dû subir les cinq phases de la carrière du *Jina*, le vainqueur de passions humaines, qu'on appelle aussi *Tirtankara*, celui qui, sur le pont de ses vertus, a passé des misères de ce monde à l'état bienheureux, *Adhisvara*, seigneur suprême, etc. Ces cinq phases sont la conception, la naissance, l'entrée dans la vie religieuse, l'illumination et la libération finale. Presque tous appartiennent à la même région; certains naissent à Ayodhya et obtiennent la délivrance sur le mont Paresnath (Bengale).

Avec le 23e Jina, Parsvanath, on sort des extravagances mythologiques. Il n'est plus question de statues gigantesques ni de millions d'années. On se rapproche de la réalité. Un grand poème inspiré par les anciennes légendes

---

1. L'emblème de chaque Jina placé habituellement sur le socle ou le piédestal de la statue et quelquefois sur la poitrine reproduit, dit-on, une marque naturelle imprimée sur son corps.

(*Parçvanatha Charitra*) a narré les transmigrations pénibles qu'il avait dû subir avant d'arriver
à sa dernière forme, ses souffrances, les persécutions auxquelles il fut en butte pendant sa
vie mortelle, enfin son séjour sur la montagne
de Paresnath, d'où il fut transporté aux cieux.
Il a le teint bleu et pour emblème un serpent. Il
laissait une école florissante.

Mahavira, son successeur, clôt cette longue
liste. Il donna au Jainisme sa dernière forme[1].
Les autorités compétentes en font un contemporain du Bouddha sans que, pour cela, il soit
jamais entré en lutte avec son glorieux rival.
Il était de race royale et naquit dans la ville
de Vaisali, la moderne Besarh, à 27 milles au
nord de Patna. Son nom était Vardhamana. Il
nous est impossible de le suivre dans la
série des transmigrations antérieures à sa vie
mortelle où se trouvent réunies les exagérations
qui caractérisent ce genre de littérature religieuse. A l'âge de trente ans, quoiqu'il fut ma-
rié et père de famille, Vardhamana se fit moine
et entra dans une des confréries qu'avait fondées Parsvanath. Quelque sévère que fut la

---

1. Cf. Jacobi, *op. cit. Intr.* et Hœrnle, *op. cit.*, pp. 39 et sq.

règle, le novice ne la trouva pas encore assez; car, après un an d'épreuves, il quitta le monastère, et rejeta tout vêtement. Dès lors, il se soumit aux plus rudes austérités et parcourut l'Inde en prêchant sa doctrine; mais il lui fallut douze ans avant de recruter des adeptes; le précepte de complète nudité n'était pas fait pour attirer la foule[1]! C'est au bout de ce temps qu'il fut salué du nom de grand héros, *Mahavira*, et reconnu *Jina* et *Kevalin* (pl. II)[2].

Il consacra les trente dernières années de sa vie à organiser son fameux ordre d'ascètes sous le patronage de princes alliés à la famille de sa mère, qui régnaient sur le territoire occupé par le Behar moderne. Sa carrière de missionnaire semble s'être exercée à peu près dans la même région que celle du Bouddha et

1. Rien de plus pénible qu'un passage d'un texte sacré des sectateurs de Nataputta (Mahavira) où se trouve le portrait idéal de l'ascète, brûlé par l'ardeur du jour, privé de repos pendant la nuit, affaibli, épuisé de chair et de sang, pareil à un feu recouvert d'un monceau de cendres, resplendissant de pénitence et d'éclat....

2. Le saint est représenté assis sur un coussin dans l'attitude de la méditation. Les lions sur le piédestal montrent que c'est bien Vardhamana ou Mahavira; il est entouré de ses 23 prédécesseurs. Cette statue provient de Mathura et a 25 mètres de haut, en comptant le soubassement. (Smith, *Jain stupa of Mathura*, *pl. XCIV*.)

Pl. II.— *Mahavira.*

s'étendit jusqu'à la frontière du Népal. Il était arrivé à grouper un nombre considérable de disciples, hommes et femmes ; s'il eut à soutenir des luttes avec des rivaux, surtout avec un certain chef spirituel de l'époque, Gosala, d'abord son disciple, il ne paraît pas avoir eu de contact avec le grand Cakyamuni. C'est à peine si les livres sacrés des Jainas le mentionnent. Comme dans le Brahmanisme et le Bouddhisme, son enseignement reposait sur l'idée de la transmigration éternelle qui ne peut être arrêtée que par la science parfaite et surtout par le refrénement des passions. Celui-là seul obtient la délivrance qui a su se détacher de tous les liens du monde et, en retranchant les actes, mettre fin au *karma*, qui est la conséquence morale et matérielle des actes de la vie. On comprend ainsi que presque tout l'enseignement du Jina porte sur la manière de supprimer le *karma*, résultat qu'on obtient : 1° en pratiquant cinq vertus ou devoirs qui sont : respecter la vie de tous les êtres vivants, faire l'aumône, honorer les sages pendant leur vie et les adorer après leur mort ; confesser ses fautes, observer les jeûnes religieux ; 2° en évitant cinq péchés :

le meurtre, le mensonge, le vol, l'adultère et l'amour immodéré du monde.

D'après les écritures jainas, Mahavira mourut à Pawa, dans le district de Patna, après avoir jeûné trois jours entiers et autant de nuits sans avoir pris une goutte d'eau. Il avait 72 ans. Indra et les autres dieux vinrent eux-mêmes brûler son corps. Son entrée dans le *nirvana* est le point initial de l'ère acceptée encore par les Jainas; on la place en 526 avant J.-C.

L'enseignement de Mahavira porta ses fruits; la puissance et l'influence du Jainisme sont attestés par les vestiges de l'art admirable répandu dans l'Inde entière. On n'a qu'à consulter les *Archæological Surveys* pour s'en rendre compte. Il y a là toute une mine à explorer et tout un art à étudier et à classer.

Actuellement les Jainas sont divisés en deux sectes, les *Digambaras*, ceux qui sont vêtus de l'espace, et les *Svetambaras*, dont les moines sont habillés de blanc. Cette séparation qui remonte très haut dans leur histoire, vers l'an 80 de notre ère, repose sur la complète nudité, recommandée comme marque de sainteté. Si les Jainas échappèrent au sort des Bouddhistes, ce fut grâce aux concessions qu'ils firent au

Brahmanisme. La dogmatique, également, dût subir des modifications, notamment en ce qui touche à la conception de la divinité, dont ils ont nié pendant longtemps l'existence, et qui tend actuellement à se rapprocher d'un déisme imprécis. La communauté est restée partagée en deux grandes classes, les membres du clergé (*yatis*) et les laïques (*shravaks* ou auditeurs); aux premiers, la morale de conseil qui comprend les vertus les plus difficiles à pratiquer et qui est le partage des ascètes et des cénobites; aux seconds, la morale de précepte qui se contente d'une vertu moyenne à l'usage de la masse dés fidèles. C'est la pratique de cette vertu moyenne qui a fait des laïques jainistes, les *shravaks* du Guzerate[1], une classe d'hommes pieux et charitables, honnêtes et riches dont la conduite témoigne en faveur de la morale de leurs Sages.

*
* *

Nous allons maintenant consulter la carte pour fixer le point où nous nous rendons. Le

---

1. Pour les Jainas du Guzerate, cf. *Gazetteer of the Bombay Presidency* vol. IX, part. I, pp. 105 et suiv., ainsi que les travaux de J. Delamaine, Buchanan-Hamilton, W. Miles, etc; et pour l'art jaina dans le Guzarate, Burgess, *Arch. Survey*, new Imperial series, vol. XXII. London, 1896.

Kathiawar est une presqu'île qui s'avance dans la mer d'Arabie entre la saillie du Cutch et la ligne droite du Guzerate. Son nom lui vient des colons kathis qui s'y établirent du XIIIe siècle au XVe. Les Mahrattes, en contact avec ces derniers, l'étendirent à toute la province et furent suivis par les Européens. Au point de vue pittoresque, le Kathiawar présente des aspects variés ; à l'ouest et à l'est, des déserts de sable couverts de cactus auxquels succèdent les forêts du Gir, aux clairs ruisseaux, aux vallées verdoyantes ; vers le nord, les régions désolées du Rann ; puis, du côté du sud-ouest, la campagne riante avec ses champs et ses jardins bien cultivés ; enfin, au fond du Saurashtra, le massif granitique du Girnar dont les pics majestueux dominent l'État de Junagadh. C'est là que nous nous rendons.

Ce pays n'est accessible aux Européens que depuis l'établissement de l'*Agency* à Rajkote (1820), c'est-à-dire lorsque les Anglais ont confié à un *Political Agent* son administration. Les brigandages et les luttes intestines avaient éloigné les voyageurs et paralysé le commerce. Le riche Banian hésitait à se hasarder dans ces parages, connaissant trop bien le sort qui lui

était réservé, s'il tombait entre les mains des
Kathis. Lorsque le colonel Tod, au moment de
quitter l'Inde après avoir accompli sa glorieuse
tâche au Radjpoutana, vint faire une tournée
dans le Kathiawar, on peut dire qu'il explo-
rait une terre inconnue et que chaque pas qu'il
y faisait était marqué par une découverte[1]. Il
avait déjà retrouvé les admirables temples
d'Abou et de Palitana; il allait faire connaître
ceux du Girnar. La ville de Junagadh, alors
entourée d'épaisses forêts, n'avait que quelques
milliers d'habitants. Quant au chef, le nawab,
triste descendant d'un glorieux général de race
afghane qui s'était rendu indépendant au
XVIIIe siècle, il jouissait de revenus restreints ;
sans ambition, sans but dans la vie, il vivait au
milieu des ruines. S. A. le Nawab Saheb Rasoul
Khandji, qui nous a offert l'hospitalité lors de
notre séjour à Junagadh, appartenait à cette
même lignée. Mais les temps avaient changé ;
brillant élève du Rajkumar College, il admi-
nistrait ses états avec intelligence et fermeté,
bien secondé par d'excellents ministres. L'histoire locale est loin d'être dénuée d'intérêt[1];

1. *Travels in Western India*, London. 1839.

elle est par le fait celle de la brillante dynastie radjpoute des Chudasamas qui régna du VIII⁰ siècle au XV⁰. Il n'en reste, hélas! que des souvenirs recueillis dans les chants des bardes, quelques inscriptions et de rares monuments qui ont survécu à la conquête du pays par le terrible Mahmoud Bigarè. Moustafabad remplaça alors la ville ancienne, et la vieille citadelle, *Uperkot*, perchée sur les flancs du Girnar, qui avait résisté à tant d'assauts, perdit son ancien caractère. Une seule porte rappelle la belle époque radjpoute[2].

La ville moderne est bien bâtie, saine et prospère. La pierre abonde. Nulle part ne se voit la détresse qui avait frappé Tod. Les monuments anciens sont soigneusement réparés et entretenus. L'élite des habitants est fière de son glorieux passé, qui remonte jusqu'aux âges lointains où les lieutenants des rois Guptas gouvernaient le pays.

Le massif du Girnar, dans son expression sensible et géographique, se compose de cinq

---

1. Cf. l'histoire écrite en persan par Amarji Randchoji, ministre de Junagadh, au commencement du XIX⁰ siècle.

2. Cf. Tod. *op. cit.*, ch. xvii. Le plan de la ville et de la citadelle est à la page 362.

Pl. III. — Massif du Girnar.

pics principaux [1] (pl. III). L'un d'eux, Amba-Mata, couronné par le temple de la déesse Parvati, s'élève à 3.000 pieds au-dessus de la plaine, et à 2.300 se trouve la plate-forme où sont bâtis les temples jainas. Dès l'antiquité, si l'on en juge par les cellules des moines qu'on y retrouve encore, l'influence du Bouddhisme dut y être prépondérante. Nous en verrons bientôt un témoignage important. Le pèlerin chinois, Hiouen Thsang [2], a donné des renseignements précieux sur les habitants au VIIe siècle, lorsque le Saurashtra était tributaire du royaume de Valhabi [3]. Quelques-uns suivaient la pure doctrine; d'autres étaient adonnés à l'hérésie; il y avait cinquante couvents contenant près de 3.000 cénobites qui étudiaient les doctrines de l'école Shang-tso-pu (l'école des

1. Cf. Tod. *op. cit.*, ch. XVIII, p. 379 et sq. ; le schema des pics est à la page 382. Les cinq pics principaux sont : Amba Mata, couronné par le temple de la déesse ; le Gorakhnath. le plus élevé, 3,666 pieds); l'Oghad Shikhara ; le Guru Datatraya: le pic de Kalika.

2. Stanislas Julien, *Mémoires sur les contrées occidentales*, et *Histoire de la Vie de Hiouen Thsang*. Cf. *Arch. Survey in Western India, report on the Antiquities of Kathiavad and Kachh*, 1874-75. London 1876, p. 83.

3. Cf. *The Valhabi dynasty*, p. 80 et sq. dans l'*Arch. Survey of Western India ; report on the Antiquities of Kathiavad and Kachh*, 1874-1875. London, 1876.

Sthaviras) qui suit le grand véhicule (*maha-yana*); de plus on comptait des centaines de temples, et des hérétiques de différentes sectes étaient réunis aux environs. Le pèlerin parle aussi de la ville, actuellement Junagadh, et du mont voisin *Yeu-shen-ta* (*Ujjanta*, c'est-à-dire le Girnar), couronné par un monastère, dont les chambres et les galeries avaient été creusées dans le roc. La montagne était couverte de forêts épaisses et de toutes parts arrosée de clairs ruisseaux. Les saints et les sages y avaient fixé leur résidence et y vivaient en compagnie des *Rishis*, doués de facultés divines.

L'histoire merveilleuse du Girnar est racontée à la fois par les Brahmanes et les Jainas qui célèbrent à l'envi sa sainteté. Tout lieu de pèlerinage a en effet un recueil dans lequel sont consignées les traditions qui s'y rapportent, les rites qui doivent y être accomplis, les réparations qui ont été faites dans les sanctuaires, les généalogies des saints et des bienfaiteurs, les pèlerinages qui y sont venus, etc. Trente chapitres des annales religieuses du Girnar, œuvre des Brahmanes, passent pour être les explications données par Siva lui-même à la déesse Parvati. *Vastrapatha,* — c'est ainsi que ces chroniques désignent le Girnar, — l'emporte sur toutes les villes fameuses du Saurashtra, sur Somnath où Krishna trouva la mort, et sur Dwarka où il sauva les livres sacrés; l'explication de ce mot est conservée dans une légende aussi gracieuse qu'invraisemblable. Un jour, à la suite d'une querelle survenue à Kailas entre Vishnou et Siva au sujet des mérites de leurs fidèles, Siva, froissé d'une réponse de Vishnou, avait quitté l'auguste assemblée. Parvati, inconsolable de la disparition de son époux, partit sur l'heure à sa recherche, suivie des autres immortels. Ce fut au Girnar que la troupe céleste rejoignit enfin le divin transfuge qui s'y était dépouillé de ses vêtements et rendu invisible. Le roi des serpents, le Gange et les rivières sacrées s'y étaient donné rendez-vous par des voies souterraines. Vishnou s'établit sur le pic de Raivataka; Parvati choisit celui d'Ujjayanta, et du haut de la montagne s'échappa de son cœur blessé un hymne à la gloire de l'époux disparu. Bientôt, aux accents de cette voix aimée, Mahadeo, charmé, apaisé, reparut soudain et consentit à retourner à Kailas, à condition que Parvati et son cortège resteraient à *Vastrapatha.*

Ce nom rappelle ainsi le lieu où Siva se serait dépouillé de ses vêtements (*vastra*). Depuis lors, Vishnou a résidé sur le mont Raivataka, Parvati ou Amba au sommet d'Ujjayanta, et l'on assure que Siva a laissé dans ces lieux des traces de son séjour et que l'air qu'on y respire est encore tout imprégné de sa divine essence.

Quant aux Jainas, d'après le *Raivatachala Mahatmya* qui forme les chapitres 10, 11, 12 et 13 du *Satrunjaya Mahatmya*, Indra ayant demandé à Mahavira le nom du cinquième sommet des 21 montagnes sacrées, apprit que c'est Raivata, le Girnar, qui procure la cinquième connaissance, c'est-à-dire le salut. Les dons et les offrandes qu'on y apporte font acquérir, dans ce monde et dans l'autre, des mérites qui détruisent tous les péchés accumulés pendant plusieurs transmigrations. Les sages n'y ont plus de soucis matériels ; pareils à des dieux, ils passent leurs jours dans des exercices de piété à adorer Némi en compagnie des *apsaras* et des groupes célestes. Les animaux naturellement ennemis, les chats et les souris, les lions et les éléphants, les serpents et les paons, y vivent en bonne intelligence.

Toutes les planètes tournent dévotieusement autour de Némi. Les saisons y sont fixes; les réservoirs débordent d'un nectar versé par les dieux; enfin le souvenir de Raivata donne le bonheur; sa vue guérit des maux; quand on y est, tous les vœux sont comblés.

Le 13e chapitre des annales jainistes raconte la vie de Némi, le 22e Jina. Issu de race royale, son existence mortelle est liée à la région et se rattache à la légende de son cousin Krishna, rapports probablement voulus pour faire rentrer les origines des Jainas dans le cycle héroïque des Pandavas. Némi naquit dans une ville du Kathiawar, aujourd'hui disparue; d'aucuns disent Sori (Soryapur). A l'âge de 300 ans, il se fit ascète à Dwarka et mourut sur un des pics du Girnar, après avoir mené pendant sept cents ans la vie d'ascète, ce qui donne à sa carrière une durée totale de 1.000 années, sur lesquelles il ne demeura que cinquante-cinq jours à l'état d'ascète imparfait. La date de sa libération serait 84.000 avant la fin du quatrième âge, et selon le *Kalpa Sûtra* 84.950 avant la composition de ce *sûtra*.

On raconte également que Némi, après avoir longtemps résisté, avait enfin consenti à se marier. Son cousin Krishna, jaloux de sa supériorité au jeu de la conque, avait confié le soin de le persuader à ses joviales compagnes, les Gopis, espérant lui faire perdre par le mariage sa force surhumaine, et il allait épouser Rajimali, fille d'Ugrasen, roi du Girnar, lorsque la vue d'un troupeau bêlant et attendant la mort près d'un autel le remplit d'une telle compassion pour les animaux, d'une telle horreur pour les hommes qu'il se décida à embrasser la vie des solitaires, mieux encore il amena sa fiancée à la partager. Ils se retirèrent d'un commun accord sur le mont Girnar et y vécurent dans l'exercice de toutes les vertus. On montre encore la grotte où la princesse passa sa vie, non loin du lieu où son époux obtint la libération finale. Comme Jina, Némi a le teint noir; une conque lui sert d'emblème. Sa divinité tutélaire est Ambika, la déesse du Girnar. Le manguier est considéré par les *shravaks* comme l'arbre sous lequel il obtint l'illumination (*bodhi*).

****

L'itinéraire du pèlerin est identique pour tous : les dieux en ont depuis longtemps indiqué les étapes. Ce sont celles que nous suivrons.

Pl. IV. - - Grotte dans la Citadelle.

Continuons à suivre la route excellente due à la libéralité d'un riche marchand de chevaux, Sundarji qui, au commencement du XIXe siècle, pratiqua des coupes dans la forêt qui entourait Junagadh et y traça des avenues. On ne peut nier que cette jungle séculaire n'ait beaucoup servi à préserver des outrages des hommes la fameuse pierre d'Asoka, que nous allons maintenant admirer; un des monuments les plus remarquables de la région et, sous certains rapports, de l'Inde entière.

Le premier qui en ait fait mention, le colonel Tod[1], a donné un vivant récit de sa découverte au mois de décembre 1822. A la jonction de la route et de la petite rivière du Sonarekh, l'un des nombreux cours d'eau qui arrosent le Girnar, une large chaussée parallèle à la route aboutit à un pont de trois arches bordé d'un parapet: avant la construction de ce pont, les pèlerins, pendant la saison des pluies, risquaient d'être entraînés par les eaux de la rivière, et les accidents étaient fréquents (pl. V).

C'est après avoir quitté la chaussée, en appuyant sur la droite, qu'on se trouve en pré-

---

1. Tod. *op. cit.*, p. 370-372.

PI. V. — *Route du Girnar.*

Pl. VI.   Pierre d'Asoka.

sence de ce bloc de pierre, converti selon l'expression de Tod « en un livre immortel par un style de fer ».

A l'époque de sa découverte, la superficie du terrain qu'elle recouvrait était de 90 pieds. La surface était divisée en compartiments ou parallélogrammes contenant des inscriptions en caractères antiques. Tod comprit qu'il était en présence d'une page d'histoire encore muette. Il se borna à donner ordre à son secrétaire de relever deux des édits et un fragment du troisième. La clef de l'écriture ne fut trouvée que par Prinsep en 1838.

Lorsque Burgess vint en 1869[1] relever des estampages, la pierre était accaparée par un solitaire qui avait bâti une sorte de hutte et entassé du bois tout autour (pl. VI). Grâce à un appel du gouvernement de Bombay, le premier ministre de Junagadh recouvrit la pierre d'un toit, converti plus tard en un charmant édifice.

La pierre d'Asoka a été comparée à celle de Rosette, aux inscriptions de Bisitoun et aux bibliothèques d'argile d'Assurbanipal. Elle est couverte de 14 édits, les mêmes qui se répètent

1. Pour la pierre d'Asoka, cf. Burgess, *Archæological Survey*, etc, p. 94 et sq.

sur d'autres monuments identiques et qui témoignent du zèle religieux du prince et de sa tolérance. D'autres que moi, plus compétents, vous parleront d'Asoka Pyadasi, roi de Maghada, converti au Bouddhisme, un des grands princes de l'Inde dont le pouvoir s'étendit jusqu'à ce coin reculé du Saurashtra où ses lieutenants faisaient respecter ses ordres et rayonner son influence bienfaisante.

Deux édits émanant de Skanda Gupta et de Rudradaman occupent le sommet de la pierre et mentionnent au pied du Girnar un lac creusé de main d'homme, et depuis longtemps comblé. Toute trace en est perdue.

Du pont la vue est grandiose; en face, le pic du Girnar, encadré par la chaîne de montagnes appelée « la Porte de Dourga », se profile sur le ciel avec une netteté merveilleuse, tandis que, derrière, le vieux château, ruine imposante, semble un ouvrage avancé, construit exprès pour défendre la passe qui conduit au mont sacré[1].

On traverse ensuite un vallon boisé qui mène au Damodar Kund, réservoir formé par les eaux du Sonarekh auquel se rattache une

1. Cf. Tod. *op. cit.*, p. 370.

infinité de légendes dont Krishna est le héros[1]. On attribue à ses eaux une propriété étrange, celle de dissoudre les ossements qu'on recueille dans les bûchers éteints. C'est cette propriété qui a conduit les Hindous à établir auprès un terrain crématoire. Le pont qui permet de le franchir est moderne. Non loin, un temple dédié à Damodar ou Krishna passe pour avoir été bâti à une époque reculée. D'autres temples, cette fois consacrés à Siva, l'entourent. Le voisinage des deux cultes ne doit pas étonner, d'après les souvenirs qui unissent les deux divinités dans la région ; pourtant Vishnouites et Sivaïtes n'ont pas toujours été d'accord, d'après une gracieuse tradition qui se rapporte au poète du dernier des Chudasamas, Narsi Mehta. Celui-ci, quoique brahmane, prêchait la réforme basée sur l'égalité des hommes et ne craignait pas de se mêler aux humbles des classes inférieures. Adorateur fervent de Vishnou et en

1. On raconte que la mère du Dieu encore enfant, pour l'obliger à se tenir tranquille, avait passé autour de ses reins une corde dont le bout était attaché à une pierre. Krishna s'étant enfui entraîna la pierre qui alla heurter deux arbres : or ces arbres étaient des divinités métamorphosées, qui attendaient pour reprendre leur forme le contact de Krishna et qui se trouvèrent ainsi délivrées de l'enchantement.

butte aux persécutions des Brahmanes Sivaïtes, il fut forcé de démontrer dans une discussion publique la vérité de sa doctrine, et le dieu, dans sa reconnaissance, apparut au milieu du cénacle et jeta une guirlande de fleurs au cou de son champion.

Après avoir passé devant un vieux temple de Bavanath Mahadev, bâti sur le bord du Sona-rekh, ombragé de tamariniers et de banyans, région silencieuse, sauf à l'époque des foires, et devant de petits sanctuaires appelés les cinq Pandavas, on est au pied de la montagne, et l'ascension du pic sacré commence. En général, les étrangers se servent d'un palanquin ou *dholi;* mais le pèlerin s'en abstient; ses mérites sont augmentés par le nombre des difficultés qu'il surmonte. Jadis il se frayait un chemin, comme il le pouvait, au milieu des quartiers de roc et des éboulis, et s'aidait, en certains endroits, des marches usées d'un antique escalier de pierre. Cinq auberges lui offraient un abri pour dormir et de l'eau pour se rafraîchir, l'idéal de tout passant dans l'Inde. Des marches en granit, larges et faciles, mais parfois fuyantes et traitresses, ont remplacé les anciennes, qui remontaient, dit-on, au XIIe siècle.

Comment arriver à décrire l'admirable paysage qui se déroule devant le voyageur et qui gagne en splendeur et en beauté à mesure qu'on s'élève ? A ses pieds, il perçoit, lointaines et indécises, la ville et la forteresse au milieu des plaines du Kathiawar qui s'étendent à perte de vue, et, tout autour, les vallons boisés du Girnar où tombent les pentes agrestes des monts voisins, dont les pics dénudés, d'un côté, ferment l'horizon. On comprend le cri d'enthousiasme arraché par cette vue au colonel Tod, le premier Européen qui l'ait contemplé !

Lorsque je fis cette excursion avec ma mère[1], le chemin était aussi solitaire qu'à cette époque ; la peste et la famine avaient interrompu les pèlerinages. Comme Tod, j'étais jalouse de ma solitude (*op. cit.*, p. 387) ; je me félicitais d'éviter ces foules compactes et indisciplinées que les fonctionnaires de Junagadh ont souvent grand'peine à contenir. Les pèlerinages mo-

---

1. Notre excursion au Girnar eut lieu en février 1901. Cf. *Tour du monde*, I, XII, nouvelle série, 6-13-20-27 janvier 1906 ; toutes les facilités nous furent accordées, grâce aux lettres du Gouverneur de Bombay au Nawab de Junagadh et de M. B. Malabari aux personnages influents des communautés indigènes.

dernes ne rappellent en rien, hélas! ceux de l'époque glorieuse du Jainisme, lorsque le ministre Vastupal Tejpal, le grand bâtisseur des temples d'Abou et du Girnar, était à leur tête, emmenant à sa suite, dit-on, 4.500 chariots, 700 palanquins, 1.800 chameaux, des Svetambaras aux vêtements blancs et de pieux scribes par milliers; puis des Digambaras en état de complète nudité, des chanteurs, enfin des bardes à foison. Qu'on juge de ce déploiement de forces sur les flancs de la montagne sainte et du coup d'œil qu'il devait offrir? Comme compagnons de route, nous avions quelques dévots Jainas venus de loin, silencieux et recueillis; les uns descendaient des hauts lieux; d'autres, après avoir passé la nuit dans une des auberges, gravissaient les marches; parmi eux, l'on remarquait de jeunes mariés, les yeux baissés, les mains unies, qui, suivant un usage fort ancien, allaient implorer la bénédiction d'Amba Mata. Les ascètes, presque nus, barbouillés de cendres, les cheveux emmêlés, étaient plus nombreux que nous ne l'avions pensé; mais ils ne se montrèrent point importuns. Tristes non-valeurs, — tout au moins est-ce comme tels que l'Européen les considère, — ils perpétuent

Pl. VII. — *Ascète jaïna.*

pourtant à leur manière l'idéal de renoncement et de pauvreté que les pieux solitaires ont jadis essayé de réaliser dans ces lieux mêmes. On croirait encore entendre le moine bouddhique en célébrer les charmes : « Quand donc, disait-il, habiterai-je dans une grotte de montagne, seul, sans compagnons, avec l'intuition de l'instabilité de toute existence ? Quand sera-ce mon lot ? Quand est-ce que, sage en mes habits faits de haillons, en costume jaune, ne nommant rien ma propriété, sans désirs, anéantissant l'amour, la haine et l'égarement, habiterai-je, joyeux, sur la montagne ? »

Remarquez que l'aspiration vers l'idéal du renoncement ne se rencontre pas seulement chez le pauvre loqueteux qui, par le fait de son nouvel état, troque une existence méprisée contre une vie entourée de respect et de vénération. Ainsi, jadis, un vieux solitaire, retiré dans le flanc du Girnar, s'était créé une réputation de sainteté telle que les princes venaient lui rendre visite. Nous la retrouvons, cette aspiration, chez les représentants des hautes classes. Prenons quelques exemples dans la société contemporaine ; tel *shravak* du Canara (pl. VII), jeune, riche et lettré, à la mort de sa femme, cède à l'instinct religieux qui le presse depuis son enfance et adopte la vie d'un ascète Nirgrantha. Il se dépouille de ses vêtements, et s'astreint à un jeûne rigoureux; désormais, pendant trois mois, il se retire sur la montagne, absorbé dans la méditation; le reste du temps, il parcourt l'Inde, visite les monastères, et, prédicateur écouté, parle devant les grandes assemblées de sa communauté. Dans l'Inde du Nord, un autre *shravak*, non moins riche, non moins lettré (pl. VIII), renonce au monde et aux joies de la famille; il prie, il prêche; on le voit à Bénarès, à Jeypur, à Moultan, partout où il pense exercer de l'influence sur ses coreligionnaires. Il a pourtant connu les satisfactions d'une haute position sociale et de la carrière littéraire (il a été journaliste); mais le vernis de l'éducation occidentale est tombé dès que la hantise du vieil idéal l'a reconquis, et il est redevenu sans effort l'Indien des âges primitifs.

Permettez-moi d'évoquer un souvenir personnel. A Satrunjaya, dans une des allées bordées de temples, large et solitaire, nous aperçûmes, dans l'aube matinale, un jeune homme enveloppé de blanches mousselines qui descendait l'escalier d'un des sanctuaires. Il

Pl. VIII. — *Ascète jaïna.*

Pl. IX. Deva Kota.

s'avançait les yeux baissés, retenant d'un geste hiératique une brassée de fleurs destinées au service de l'idole. Eh bien ! c'était le fils d'un banquier de Calcutta, un gradué de l'Université, qui venait faire une retraite sur le mont sacré avant d'entrer dans un des monastères du Guzarate !

Les marches, de plus en plus raides, conduisent à la plate-forme où sont bâtis les temples qui forment ainsi une sorte de fort (*Kot*) perché sur le rebord de la falaise, à 600 pieds au-dessous du sommet de la montagne (cf. Tod. *op. cit.*, p. 388 (pl. IX)[1]. Un premier groupe est entouré d'un mur. On suppose que certains de ces temples étaient les palais des princes radjpoutes convertis en sanctuaires à une époque incertaine. Les Jainas n'admettent pas cette explication, et ils leur attribuent une antiquité fabuleuse. On y entre par un grand portail qui donne accès dans un vaste monument, palais d'été ou forteresse, dont les ruines servent maintenant de corps de garde et d'habitation aux prêtres et à leurs serviteurs. Il est probable

1. Pour la description des temples du Girnar et les plans, cf. *Arch. Survey of Western India: Report on the antiquities of Kathiawad and Kachh*, 1874-75. London 1876, pp. 166 et sq.

que des chambres et des galeries creusées dans le roc occupaient l'emplacement des édifices modernes. Il y en a encore dans le flanc de la falaise.

Je vous rappellerai que l'architecture jaina est remarquable par son élégance et sa richesse[1]. On distingue deux styles, celui du nord de l'Inde et celui du sud. Dans le nord — c'est celui qui nous occupe — la disposition du temple est à peu près constante ; une galerie d'enceinte, qui se rapproche du cloître bouddhique, est percée de cellules en réduction ou plutôt de niches qui abritent la même statue à un nombre considérable d'exemplaires. Le sanctuaire où se trouve l'image sacrée est signalé de loin par sa haute tour ou *sikhra* ; un porche le précède, dessiné par quatre colonnades ou croix convergeant en un octogone qui supporte le dôme. Quant aux images sacrées, — les colossales statues des Jinas en l'honneur desquels le temple est érigé par la piété des fidèles, — elles offrent entre elles la plus grande analogie et ressemblent à celles de l'art bouddhique. Il n'y a pas, dit-on, de statuaire jaina. Les Jinas sont, en effet, pareils

1. Cf. Fergusson, *History of Indian and Eastern Architecture* London 1876. Sur l'art jaina, cf. liv. II, p. 207-278.

aux Bouddhas. Les uns et les autres sont représentés en des poses identiques, assis, les jambes croisées, les mains rapprochées, l'expression contemplative : mais on pourra arriver, comme on l'a fait pour les types du Bouddha, à les classer d'après l'époque et la région.

Les temples s'élèvent dans l'ordre suivant en se dirigeant vers le nord : dans l'enceinte sacrée ou *devakota*, ceux de Neminath, de Rishabdev, de Merakvasi et de Sangharam Soni. Sur la même ligne, un peu à l'écart, le Kumar-pal ; de l'autre côté du sentier, le palais de Ra-Khengar qu'on appelle aussi le temple de Rajah Samprati, et enfin le magnifique sanctuaire de Vestupal Tejpal. Ces temples sont les plus beaux du Girnar ; les autres, disséminés dans le voisinage ou sur les pentes de la montagne, sont moins riches ou plus récents.

La surveillance de ces précieux sanctuaires est confiée à des Brahmanes. Le clergé jaina — si tant est que le mot clergé convienne à l'organisation de la communauté jaina — se compose d'ascètes et de moines qui vivent dans des monastères et des ermitages, sous la direction de supérieurs ou de grands prêtres, et se réservent le droit d'instruire et de prêcher.

Pour les cérémonies courantes de la vie, ils se
font suppléer par des Brahmanes qui remplissent
les fonctions de desservants, reçoivent les visi-
teurs, recueillent les aumônes et perçoivent les
dons. Au Girnar, ils ont seuls le droit d'habi-
ter le plateau sacré ; pendant la saison chaude,
ils y tolèrent quelquefois la présence d'habitants
de Junagadh en quête de fraîcheur ; mais prêtres, pélerins, étrangers indistinctement doivent se conformer aux réglements qui défendent
de consommer de la nourriture animale ; de plus,
toute espèce de commerce est interdit. Les pâtres
et les troupeaux sont relégués au loin dans la
plaine. Pendant la nuit, les temples sont fermés ;
personne n'y réside. Les devoirs des desservants consistent à entretenir la propreté dans les
sanctuaires, à garder les objets du culte et à célébrer les offices ; dès l'aube, le prêtre ouvre le
temple, prend un bain, lave la statue, la frotte
d'essences parfumées, brûle des baguettes odo-
rantes et dépose la nourriture sacrée sur un
tabouret. Il y a aussi la question de la garde des
bijoux de l'idole, qu'on met et qu'on retire à certains moments et selon certaines règles. A midi,
le service du temple est terminé. Le soir, on
procède à la répétition des cérémonies du ma-

Pl. X. — *Temple de Neminath.*

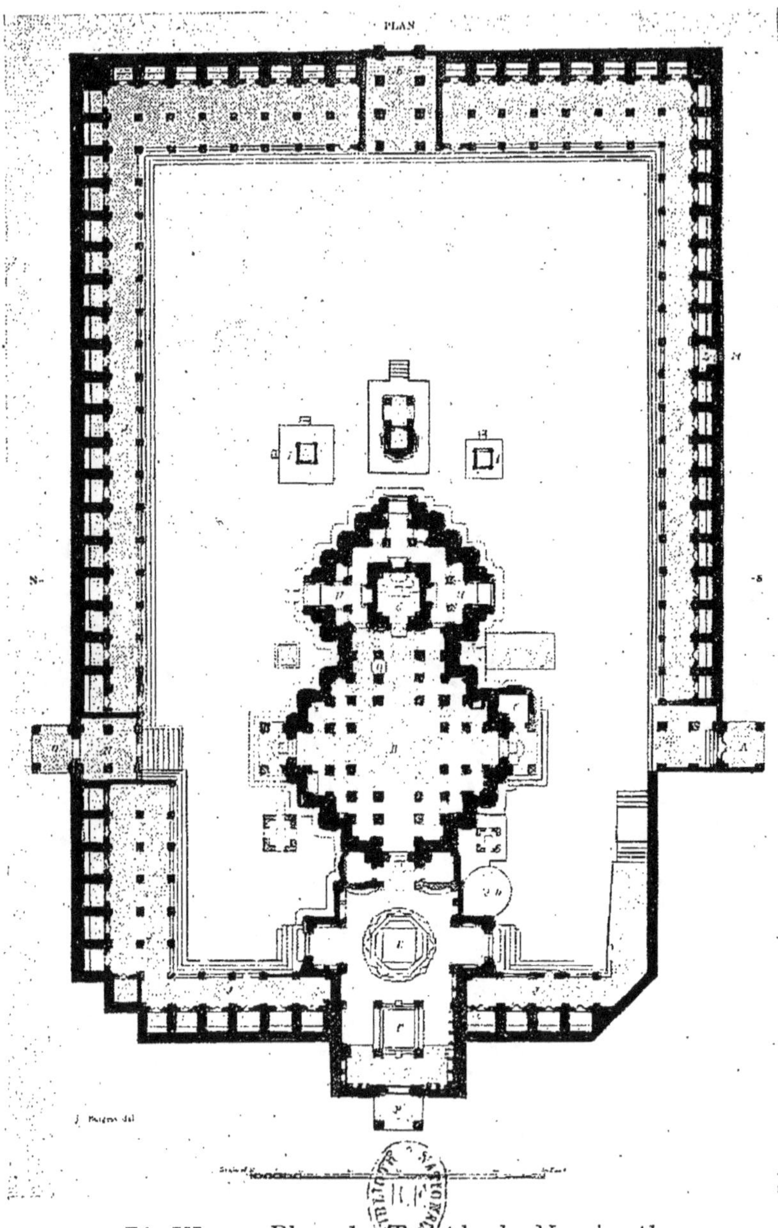

Pl. XI. — *Plan du Temple de Neminath.*

tin, et l'idole est abandonnée à la solitude et aux ténèbres.

Du reste, le rituel des Jainas est très simple et diffère de celui des Brahmanes, si compliqué et si absorbant. Sans parler des devoirs journaliers, réduits à quelques prières et à des lectures tirées des livres sacrés, les fidèles qui visitent les temples sont tenus à peu de chose, à tourner trois fois autour du Jina devant lequel ils s'inclinent, ainsi que devant les petites idoles qui l'entourent, et à faire une offrande, en prononçant certaines formules ou *mantras*.

Le premier temple de la grande enceinte est celui du 22ᵉ Jina, Neminath, auquel le mont est consacré (pl. X et XI). Autrefois, l'entrée principale était à l'est (plan K) ; elle est condamnée, et l'on pénètre à présent par celle qui donne dans la demeure des prêtres (plan A).

L'édifice s'élève dans une vaste cour quadrangulaire ; l'époque de la construction nous échappe ; mais une inscription apprend qu'il fut réparé en 1278. Il se compose de deux salles et d'un sanctuaire qui contient la statue en marbre de Némi, toute chargée d'ornements d'or et de bijoux (plan G). L'aspect du Jina, au teint noir, aux cheveux crépus est étrange. Il frappa beaucoup Tod à qui il rappelait le Memnon du Musée Britannique (*op. cit.* p., 396). La première salle (*ranga mandap*) est imposante ; la voûte, supportée par 24 colonnes de marbre blanc, est décorée de 16 statues représentant 15 jeunes femmes et un personnage, dans lequel on veut reconnaître Krishna escortant les *Gopis*. Le sol est pavé de riches mosaïques.

Autour du sanctuaire, un passage analogue à celui des temples hindous (*pradakshina*) contient des statues en marbre blanc, aux yeux couverts de plaques lenticulaires en cristal de roche, comme on en rencontre communément chez les Jainas. Dans la seconde salle, s'élèvent deux plates-formes en pierre jaunâtre couvertes des représentations de pieds disposés par paires, en souvenir des deux mille quatre cent cinquante-quatre pieds des disciples de Neminath.

Le temple est entouré d'une galerie couverte formée par une cloison de pierre ajourée, divisée en petites cellules où est répétée l'image assise d'un Jina (plan J J).

Nous allons maintenant chercher Némi dans le souterrain du temple où il tient compagnie à

Pl. XII. — *Statue de Parsvanath.*

la statue de Parsvanath, si soigneusement sous-
traite aux regards. Un passage pratiqué entre
les cellules (côté sud de la grande cour) (plan L)
conduit d'abord dans une salle basse d'où nous
fûmes invitées à descendre, à nous glisser, de-
vrais-je dire, par un orifice étroit dans un caveau profond (plan M). C'est là que trône, dans
sa majesté silencieuse et solitaire, la fameuse
statue de Parsvanath. Admise la première en sa
présence, je ne pus m'empêcher de faire un
mouvement de recul. Le type est celui des
images jainas : les mains croisées sur des pieds
d'argent également croisés, le visage éclairé
par de grands yeux en amande dessinés par
des plaques brillantes, la bouche fine, serrée
et souriante ; les lobes allongés des oreilles
pendent jusque sur les épaules (pl. XII).

Au point de vue pittoresque, je n'insiste pas
sur l'apparence fantastique de cette idole colossale, éclairée par nos torches fumeuses. Une
légende se rattache à sa présence dans les
souterrains du temple, celle de la célèbre goutte
d'eau qui découle du lobe de son oreille et
creuse un trou sur l'épaule. C'est ce phénomène
qui a fait donner à la statue le nom de « goutte
de nectar ». En tous cas les prêtres, « pujaris »,

ne la laissent pas voir volontiers[1]. A côté, la blanche statue de Némi n'est reconnaissable qu'à son emblème, la conque sculptée en relief sur le piédestal, car les statues de Némi au Girnar sont toujours noires, de la couleur de son fameux cousin, Shri Krishna !

Revenus dans la cour centrale, nous trouvons, à droite de la porte d'entrée du temple (côté sud), une petite chapelle dédiée à Ambika Mata, la déesse tutélaire du Girnar (plan C); d'autres chapelles recouvrent les pas *paduka* de grands prêtres défunts (*gorjis* plan H).

En tournant à gauche, sans sortir de l'enceinte, nous rencontrons le groupe des trois temples de Rishabdev, de Merakvasi et de Sangharam-Soni. Le premier contient la statue colossale de Rishabdev[2] haute de douze pieds ; on voit sur le piédestal le taureau, emblème du saint. Au Marwar, les Shravaks, pendant la fête du *Holi*, fabriquent, à l'instar de cette

1. Cette photographie n'a pu être obtenue que grâce au bon vouloir du premier ministre de Junagadh.

2. Cf. pl. I Les temples ne sont pas tous dédiés à Némi ; les autres Jinas, Rishabdev, Parsvanath, Adinath, etc., y figurent ; à l'est du palais de Ra Khengar, il y a un sanctuaire délabré élevé à Mahavira.

PL. XIII. — *Temple de Semprati Rajah.*

statue, de grandes images adorées particulière-
ment par les femmes.

Les deux autres temples se recommandent
par la beauté des plafonds et les détails des
sculptures; c'est un véritable éblouissement.
Jusqu'à l'époque de ma visite, — on a peut-être
mieux réussi depuis, — il avait été impossible
d'en obtenir des photographies à cause de la lumière, blanche et diffuse, qui pénètre dans tous
les coins. Quant à l'orientation des sanctuaires à
l'ouest, au lieu d'être à l'est, elle s'explique par
leur ancienne destination de palais qu'on reconnaît, par exemple, aux piliers de la salle hypostyle et aux sièges placés le long des balcons,
comme pour inviter à la causerie et au délasse-
ment. C'est accoudé à ces balcons sculptés ou
étendu sur ces sièges de pierre qu'il faut lire les
annales des Chudasamas et réciter les stances
« duhas » de leurs bardes. L'histoire de cette
dynastie renaît alors sans effort et comble les
longs siècles que notre ignorance se plaît à
qualifier de temps légendaires, dignes de l'oubli!

En sortant de l'enceinte, voici le plus beau
temple du Girnar, le Semprati Rajah[1] (pl. XIII),

1. Semprati, un des grands princes des Jainas, aurait régné à

appelé par Tod sur sa magnifique planche le palais de Khengar (*op. cit.*, p. 376-77). C'est probablement un des plus anciens du Girnar; une inscription enregistre la date de 1158; il a dû être restauré plusieurs fois. Sa position sur le flanc de la falaise est unique. On y arrive par un escalier, continué par des marches fort raides conduisant au porche qui précède le grand *mandap*, et à une seconde salle par laquelle on pénètre dans le sanctuaire où trône la statue de Némi, cette fois complètement noire. Les plafonds sont merveilleux et rivalisent avec ceux du mont Abou.

Au nord, un peu détaché du groupe, le Kumar-pal, dont le portail est soutenu par 24 colonnes, avait été fort endommagé (pl. XIV); sa restauration date du commencement du XIXe siècle. Enfin, à l'est de *Deva-Kota* et à droite de la route qui conduit à Amba-Mata, le triple sanctuaire de Vestupal Tejpal montre l'art jaina dans toute sa splendeur; les sculptures ont malheureusement souffert. Il est du XIIIe siècle et fut érigé par les soins du ministre du roi

Ujjayini vers la fin du IIIe siècle av. J.-C. et aurait été le fils de Kunala, troisième fils d'Asoka, qui régna au Penjab. Les Bouddhistes le font succéder à Asoka.

Pl. XIV. — *Kumar pal.*

Pl. XV. — *Intérieur du Temple de Vestupal Tejpal.*

Pl. XVI. — *Bairav Jap.*

Visaladeva, le pieux conducteur de pèlerinages, le grand bâtisseur du mont Abou. Le spécimen de la voûte permet de se rendre compte de la substitution du dôme creux à la coupole massive des Bouddhistes (pl. XV).

Non loin de là, saluons la grotte où se réfugia l'épouse de Némi lorsqu'elle embrassa la vie des solitaires *Raja ni gupha*), et passons rapidement, car nous avons encore 600 pieds à gravir avant de parvenir au sommet du mont. A gauche, au-dessus des temples, se profile sur le ciel un gros bloc de granit, le *Bhairav Jap*[1] d'où se précipitent les infortunés qui désirent obtenir la délivrance de leurs maux, la récompense promise à leur action désespérée, récompense qui, d'humbles prolétaires, de tristes déshérités, en fait des seigneurs et des princes dans le paradis d'Indra (pl. XVI). La victime, parée de ses plus beaux vêtements,

---

1. Bhairav Jap ou saut de la mort, autrement appelé *Raja-Mélavana-pathar*, le rocher qui réalise le désir; selon Burgess, *jap* étant la récitation des *mantras* ou charmes. Bhairav jap signifierait l'endroit où sont répétés les noms de Bhairav, manifestation de la puissance destructive de Siva. Dans la chaîne des monts Satpuras, il y a des endroits consacrés à Mahadeo où s'accomplit également cet odieux suicide; ce genre de mort s'appelle *Bhrigu-pâta*, se jeter d'un lieu escarpé.

s'avance vers l'abîme, le pied posé sur une noix de coco ; elle se balance pendant quelques instants, bientôt glisse dans le vide, et son corps se déchire sur les pointes des rochers. La police anglaise a mis ordre à ce genre de suicide religieux. En général, ces malheureux étaient des fanatiques, devenus inconscients par l'abus des boissons intoxicantes.

A 200 mètres, nous atteignons le temple de Mahadev et sa citerne sacrée. L'endroit est charmant ; de petits sanctuaires se cachent dans la verdure qui recouvre les pentes du Girnar. Enfin, après avoir escaladé un escalier assez raide, on parvient au vieux temple d'Amba-Mata, bâti en granit du Girnar ; il était jadis entouré d'un portique, mais les entrecolonnements ont été bouchés par des chaînes de briques (pl. XVII). L'aiguille ou flèche qu'on y a ajoutée n'est pas d'un effet heureux. L'intérieur est si obscur qu'on distingue avec peine l'image d'Amba-Mata, une des formes d'Uma ou Parvati. Quoique appartenant à l'hindouisme, Amba ou Ambika est accueillie à la porte du temple de Némi, dont elle est la déesse tutélaire, la grande protectrice du Girnar. On la trouve mentionnée dans les inscriptions émanant de

Pl. XVII. — *Amba Mata.*

Vestupal Téjpal. Son pouvoir est immense : elle est la seule divinité, y est-il dit, par laquelle les prières des humains sont exaucées.

C'est sur ce sommet que la déesse avait entonné son hymne à la gloire de Siva et rappelé à la lumière son époux disparu. Le parfum que la légende attribue à sa divine présence et que les fidèles respirent avec dévotion, n'est certes pas perceptible pour les sens des autres mortels ; mais il n'est personne qui reste insensible au charme du lieu, à la légèreté de l'air et à la radieuse clarté du ciel.

Du haut d'Amba-Mata on embrasse le massif entier du Girnar : à l'est, le Gorakhnath couronné d'un petit sanctuaire dédié à un saint bouddhiste vénéré ; un peu plus loin, le Dattar qui n'offre aucune trace de végétation sur ses flancs de granit ; enfin, plus bas, le Kalika et son temple à la déesse Kalka, l'ancien repaire des odieux *Aghoris*, ces faqirs aux mœurs bestiales que la civilisation anglaise a fait disparaître et qu'on ne trouve guère que rôdant, cannibales sinistres, autour des Ghâts de Bénarès. De petites montagnes servent de ceinture à ces grands pics ; au sud s'étend la région forestière du Gir.

Mais il m'est impossible de vous donner une idée, même approximative, de la beauté du site. Que le voyageur autorisé à passer la nuit dans la chambre des hôtes, près de l'enceinte sacrée, se considère comme privilégié; car dès l'aube, — Dieu sait ce que ce mot évoque en parlant du Girnar! — il pourra explorer les vallons, suivre les ruisseaux, s'égarer dans la jungle jusqu'au frais réservoir d'Hanouman, le dieu singe, protecteur des jardins. et saluer en passant le sanctuaire abrité de manguiers qui recouvre les pieds (*paglan*) de Némi: mais le pieux Jaina continuera intrépidement son pèlerinage. Après avoir gravi le Gorakhnath, point culminant du Girnar, il escaladera, pour y trouver le dernier souvenir de Némi, le pic escarpé du Dattatraya ou Dattar, ainsi nommé en souvenir du premier disciple du Jina. Les ascètes et les pèlerins ne sont pas tous, d'ailleurs, des Jainas. Les Vishnouites ne considèrent leur pèlerinage à Dwarka comme complet que s'ils vont rendre hommage au Guru Dattatraya. Il est très difficile d'expliquer les concessions que se font les différents cultes dans l'Inde! Chemin faisant, on rencontre ça et là des tas de cailloux amassés par les pèlerins qui, tous, veulent y ajouter leur pierre. Peu à peu, l'ascension devient pénible et parfois si difficile qu'il faut s'aider de ses mains. Enfin, on arrive au sommet occupé par un petit pavillon ou *chattra* qui recouvre les empreintes des pas de Némi taillées dans le roc; une cloche est suspendue à côté (cf. pl. III).

Je vous parlais au début de l'apothéose de Némi au Girnar. Ne croyez pas que j'avais en vue le vaste et luxueux temple que je vous ai fait connaître, pas plus que les empressements des fidèles devant son image couverte de bijoux. C'est au sommet du Dattar qu'il faut la chercher et qu'elle s'affirme par la puissance de la vertu du saint solitaire; car c'est là que, selon la foi des Jainas, il a obtenu la délivrance finale et qu'il domine le monde, exemple sublime offert depuis des siècles à des légions d'adorateurs altérés de repos, voulant s'assurer avant tout « la place sûre, heureuse et paisible qu'atteignent les grands sages ! »

SANCTUAIRES

DE

L'ANCIEN EMPIRE EGYPTIEN

PAR

A. MORET

Les grandes pyramides de Gizeh — celles
de Chéops, Chephren, Mycérinus — et les petites pyramides d'Abousir et de Saqqarah, sont
les tombeaux des pharaons de l'Ancien Empire.
Les momies royales, ensevelies dans les profondeurs de ces maçonneries, étaient inaccessibles, défendues par des herses de granit qu'on
laissait tomber, les funérailles faites, sur les
couloirs de descente au caveau. Il fallait cependant, à des intervalles rapprochés, célébrer le
culte du roi défunt, car seul le culte pouvait
prolonger sa vie d'outre-tombe. Or, dans les
tombeaux des particuliers, on trouvait la cha-

pelle funéraire à l'intérieur même du mastaba élevé sur le caveau : puisque les couloirs de la pyramide royale étaient désormais infranchissables, il fallut reporter la salle du culte à l'extérieur, dans un temple bâti à cet effet, sur la façade orientale de la pyramide.

On a cherché ces temples mortuaires, et on a pu en dégager les substructures à Meidoum, à Saqqarah ; mais, devant les pyramides de Gizeh et d'Abousir, les tumuli recouverts de sable qui s'étendaient depuis leur face orientale jusqu'à la vallée placée en contre-bas, présentaient un aspect insolite. Tout près de la pyramide, il y avait des débris d'édifices ; en descendant vers la vallée, on remarquait les traces d'une chaussée qui avait servi à charrier les matériaux de construction ; enfin, à la lisière du désert, existaient encore les substructures de constructions imposantes, dont la mieux conservée était le fameux temple « de granit » ou « du Sphinx », ainsi nommé à cause de ses matériaux et de son voisinage célèbre. Lorsque Mariette le déblaya, d'ailleurs partiellement, de 1853 à 1860, il n'y trouva que des statues colossales, jetées au fond d'un puits ; aucune inscription, nul bas-relief ne décorait ces murs

de granit qui, pareils au Sphinx, se taisaient
sur la destination de l'édifice; son plan bizarre
différait également de tous les monuments encore mis au jour. Entre les pyramides royales
et ces édifices plus ou moins ruinés, situés en
bordure des terres cultivées, il ne semblait
d'ailleurs qu'aucun lien existât. La chaussée,
qui subsistait par places, allait, en obliquant,
de la plaine à la pyramide, et comme elle ne se
trouvait dans l'axe ni du monument inférieur,
ni du tombeau supérieur, l'idée ne venait point
d'un ensemble architectural où la pyramide, le
temple, la chaussée et l'édifice de la vallée
joueraient chacun leur rôle. Des fouilles, me-
nées par MM. Schaefer et Borchardt sur le site
d'Abousir et d'Abou-Gouràb, par MM. Steindorff et Reisner, sur celui de Gizeh, et qui
viennent d'être publiées, ont démontré la réalité
de ce grand ensemble, déterminé le rapport et
même la destination des parties.

Ce n'était point par hasard que le temple dit
« du Sphinx » était situé en face de la pyramide
de Chephren, et que, à Abousir, par devant les
pyramides ruinées de Sahourà et de Neouserrà,
s'allongeait jusqu'à la vallée l'empierrement de
constructions importantes, qui se développaient

sur une longueur de 100, 500 ou 700 mètres, en escaladant le plateau. Les pyramides de Gizeh et d'Abousir sont en effet sur un plateau calcaire, rebord du vaste désert, qui coupe en deux, de l'Atlantique au golfe Persique, les continents de l'Ancien Monde. Dans ce désert, la vallée du Nil est une zone d'effondrement, aujourd'hui comblée par les alluvions du fleuve ; aussi est-elle, nécessairement, en contre-bas des deux lèvres de cette faille du plateau désertique. A la hauteur des pyramides de Gizeh, la différence de niveau entre le plateau et la plaine fertile atteint 46 mètres. Il fallait donc, soit pour construire la pyramide, soit, après son achèvement, pour y pèleriner, gravir cette falaise sablonneuse. On relia donc la vallée et le plateau au moyen d'une rampe, en blocs solides de calcaire, qui filait de biais, pour racheter la pente insensiblement. Ces chaussées, dont Hérodote déjà relevait les traces, n'étaient qu'un long chemin d'accès à la pyramide, ou plutôt au temple mortuaire érigé sur son flanc oriental. Seulement, c'était un chemin couvert et surbaissé, un corridor qui inspirait moins l'idée de fraîcheur et d'ombre que le silence et le recueillement d'une nef sépulcrale. A Gizeh,

comme à Abousir, le touriste doit donc restituer en imagination par devant la face orientale
de chaque pyramide, un plan ascendant, composé d'un Portique monumental dans la plaine,
d'une Galerie voûtée et du Temple proprement
dit, où les rites renouvelaient, à chaque célébration de culte, la vie du roi enseveli.

A Gizeh, ces ensembles architecturaux ont
subi des fortunes variées : devant la plus grande
pyramide, celle de Chéops, il ne reste guère,
du temple funéraire, que le pavement en basalte, et, de la rampe, que des débris ; le Portique de la vallée a disparu. La pyramide de
Chephren a conservé au contraire son Portique,
le soi-disant « temple du Sphinx », sa rampe
d'accès réduite à la substructure, et quelques
pans de murs du temple funéraire. Devant la
pyramide de Mycérinus, le temple funéraire
est assez bien conservé, et M. Reisner y a trouvé
d'admirables statues du roi constructeur.

*
* *

Examinons maintenant le groupe des constructions de Chephren, et commençons, à la
lisière de la vallée, par ce « temple de granit »
ou « du Sphinx » que nous appellerons désor-

14.

mais le Portique de cet ensemble élevé par Chephren vers 2.850 av. J.-C. [1]. Fait exceptionnel dans l'histoire de l'Égypte, il est tout entier construit, murs, plafond, colonnes, en granit rose d'Assouan (c'est la pierre employée aussi pour les caveaux intérieurs des pyramides); le sol est partout pavé d'albâtre, et une chambre est mi-partie granit et mi-partie albâtre. Nul autre édifice d'Égypte ne présente un tel luxe, uni à tant de solidité, et les pierres, taillées en dimensions colossales [2], polies dans des matériaux qui défiaient la main-d'œuvre humaine, s'y ajustent avec une précision, une perfection qui ont vaincu le temps (pl. I). En apparence, cet édifice est un carré de pierre de 50 mètres de large sur 50 mètres de long. La façade, aux murs en talus, construits en grand appareil, hauts de 13 mètres, et dont le toit est à profil semi arrondi, présente l'aspect d'un *mastaba*. Deux portes, larges de 2ᵐ 80, hautes de 6 mètres, percent la façade, qui n'a pas d'autre or-

---

1. Les fouilles ont été faites aux frais de M. Ernst von Sieglin et dirigées par MM. Steindorff et M. Hölscher. Le compte rendu en a été donné par M. Hölscher, *Das Grabdenkmal des Königs Chephren*, 1912.

2. Les blocs pesant plus de 30.000 kilogs ne sont pas rares; il y en a qui dépassent 150.000 kilogs.

Fig. 1. — Façade du temple de granit.

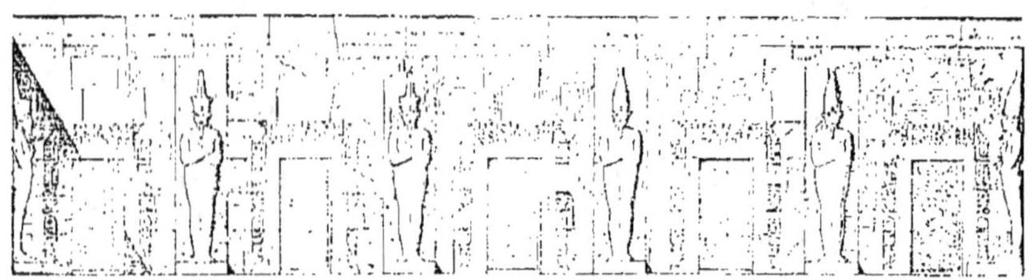

Fig. 2. — Cour du temple funéraire de Chephren.
Restitutions de M. U. Hölscher.)

nement que des légendes hiéroglyphiques donnant les titres du roi Chephren. De doubles panneaux de bois, à verrous énormes, garnissaient les portes. Il y avait la porte du Nord, où le roi se déclarait « l'aimé de Bastit », la déesse septentrionale, et la porte du Sud, où le roi se disait « l'aimé de Hathor », la déesse méridionale. Comme dans les mastabas, les deux portes s'expliquent donc par la dualité du roi, qui est le souverain des Deux-Égyptes. Chaque porte était encadrée de deux sphinx androcéphales, à corps de lion ; du moins peut-on le supposer, d'après une décoration pareille devant le portique de Sahourâ à Abousir ; à Gizeh, on a trouvé en place la base des sphinx, longue de 8 mètres fig. 1). Ces figures incarnent le roi lui-même, le lion des textes de l'Ancien Empire, protégeant son palais de sa force magique et divine. C'est aussi la signification, du moins à l'origine, du fameux Sphinx qui se tient, face levée, à la droite de notre édifice : d'un rocher long de 57 mètres et haut de 20, qui offrait une ressemblance fortuite avec l'animal accroupi, on avait fait un lion androcéphale, tenant entre ses pattes et sous sa tête une statue de Chephren, aujourd'hui mutilée. Ce rocher qu'on ne pouvait supprimer, prit ainsi sa place dans le plan du temple et forma avec lui un ensemble décoratif. Enfin, au centre de notre façade, il y avait un naos, dont reste la substructure, et qui contenait sans doute une statue de Chephren.

Chacune des deux portes donne accès dans une chambre étroite, haute de 9 mètres, d'où, à droite et à gauche, partent des corridors; ils convergent dans un vestibule, qui occupe toute la largeur de l'édifice. Avant les fouilles de 1908, on ne pénétrait que jusque là, et par le côté opposé à la façade, puisque celle-ci n'était pas encore déblayée. Dans un coin s'ouvrait, béant, un puits, d'époque récente; c'est là que Mariette trouva en 1860 le fameux Chephren en diorite, orgueil du Musée du Caire. Du vestibule, une grande porte nous introduit dans la salle principale, qui est hypostyle et en forme de T renversé. C'est donc la barre du ⊥ qui se présente à nous d'abord, sous l'aspect d'une galerie, divisée en deux travées par une rangée centrale de 6 piliers rectangulaires; au milieu s'ouvre la galerie perpendiculaire, divisée en deux travées par une double ligne de 6 piliers (fig. 3).

Ici, comme ailleurs, les murs, les piliers, les dalles du plafond sont uniquement de granit rose. par blocs de grand apareil, longs de 5 à 6 mètres, pesant de 30.000 à 150.000 kilogs; les piliers, hauts de 8 mètres, sont monolithes. Aucun ornement, aucune moulure n'altère le sérieux solennel de cette architecture; pas une ligne qui ne se rapporte uniquement à la construction. Le pavement est en dalles d'albâtre poli, dont la blancheur laiteuse fait contraste avec la sombre splendeur du granit nu. Des enfoncements encore visibles dans le pavé d'albâtre permettent d'affirmer que le long de ces murailles lisses, en face de chacun des piliers, il y avait 23 statues royales, plus grandes que nature, représentant Chephren, assis sur son trône dans cette attitude de majesté divine qu'a popularisée l'exemplaire découvert par Mariette (pl. III). Bien des fragments de ces statues ont été retrouvés, en particulier une tête admirable, des morceaux de visages, des parties du corps. Si chaque statue donnait au roi la même pose, toutes différaient soit par le détail soit par la matière: l'une était en diorite verdâtre, veiné de blanc, l'autre en albâtre blanc, l'autre en schiste jaunâtre. Ces merveilleux modèles, où l'art faisait encore palpiter une âme, s'irradiaient furtivement dans un demi-jour, car la salle hypostyle (dont le plafond est aujourd'hui démantelé, à l'exception des poutres reliant les piliers) se faisait par d'étroites ouvertures ménagées à travers l'épaisseur des architraves et du plafond. De quelle vie troublante devait s'animer l'immobile assemblée des vingt-trois colosses assis dans leur pose inflexible, quand le faisceau d'un rayon de soleil, se glissant par les fenêtres obliques, venait frapper le pavé étincelant, aviver un pan de muraille rouge, révéler, quelques secondes durant, le geste d'une main, l'éclair d'un regard, puis se retirant, laissait retomber un lourd voile de ténèbres sur l'hypostyle sépulcrale ! (pl. II.)

Laissons de côté un corridor, qui part de l'angle gauche de l'hypostyle et qui aboutit à trois cellules longues, sortes de silos de granit à deux étages, où l'on serrait le mobilier, les vêtements sacrés, les vases et lampes nécessaires aux ablutions et fumigations rituelles. De l'angle droit de notre grand ⊥ part un autre couloir : il dessert d'abord un plan incliné, en albâtre, qui tourne à droite et conduit sur le toit ; puis une chambre de garde pour la surveillance du toit et de la sortie. Nous arrivons en effet à l'angle nord-ouest de l'édifice ; le couloir se poursuit et devient le chemin couvert, qui, durant 500 mètres, gravit le plateau désertique suivant une pente rapide de 10 0/0. Il est faiblement éclairé par de petites fenêtres découpées dans le plafond. Les murs, en calcaire blanc, sans décoration, se raccordent à la voûte en profil semi-arrondi[1]. La rampe débouche obliquement dans la façade du temple funéraire.

Celui-ci (fig. 3) est un édifice rectangulaire, de même largeur — 50 mètres — que le Portique de la vallée, mais d'une longueur supérieure : 110 mètres au lieu de 50. Il se divise en deux parties, de dimensions fort inégales : le temple public, qui se développe sur une longueur d'environ 100 mètres, et le temple intime ou privé, réduit à quelques mètres de superficie.

Le temple public n'a pas de façade monu-

---

1. Voici comment Hérodote (II, 124) décrit la chaussée de la pyramide de Chéops : « on passa dix ans à construire la chaussée par où on devait traîner les pierres. Cette chaussée est un ouvrage qui n'est guère moins considérable, à mon avis, que la pyramide, car elle a 9.5 m. de long, sur 19 m. de large et 15 m. de haut dans sa plus grande hauteur ; elle est de pierres polies et ornée de figures d'animaux. »

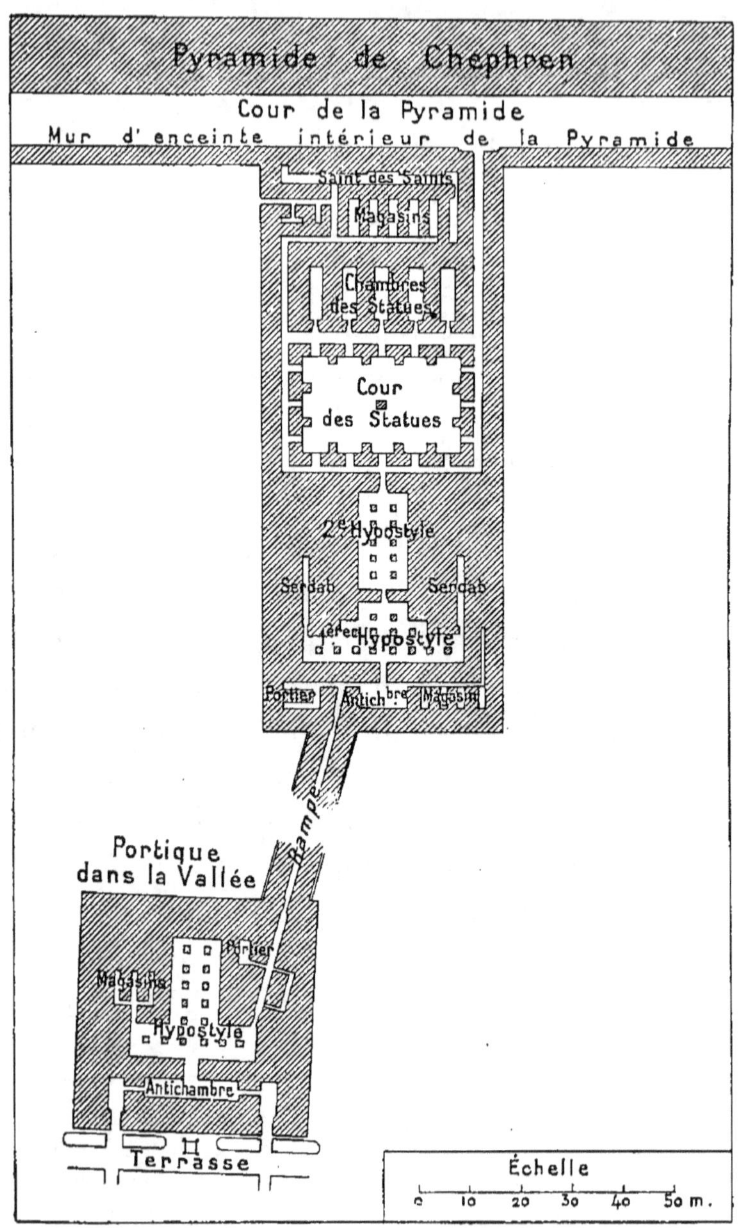

Fig. 3. — Le temple funéraire de Chephren.
(Plan, d'après U. Hölscher, D. Schultze.)

mentale : le chemin couvert débouche en effet directement et de biais, dans le cube de maçonnerie, en plein vestibule, flanqué de magasins. Une autre porte, mais dans l'axe central, conduit de ce vestibule à deux grandes salles hypostiles aux piliers carrés, disposées en T renversé ⊥, comme dans le premier édifice, mais un étranglement de la maçonnerie sépare ici les deux barres de notre ⊥ pour en faire deux hypostyles indépendantes. Il y avait là aussi, comme dans le temple funéraire de Mycérinus, des statues colossales assises et, peut-être, des groupes formant bas-reliefs. Particularité notable : à gauche et à droite s'enfoncent, dans le plein de la maçonnerie, deux boyaux, pareils aux « serdabs » des mastabas, et s'ouvrant de même dans la salle, non par des portes, mais par d'exigus soupiraux[1]. C'est à l'intérieur de ces oubliettes inviolables qu'on déposait des statues du roi-constructeur, avant d'en murer l'entrée ; les fouilleurs modernes n'y ont trouvé que des débris.

---

1. *Ces serdabs* sont réservés à l'intérieur de formidables noyaux de maçonnerie ; un des blocs de granit dépasse 170 mètres cubes, et pèse plus de 470.000 kilogs. C'est à peu près le poids d'un grand obélisque.

Au fond de la seconde hypostyle, une porte débouche, en pleine lumière, dans une vaste cour occupant la largeur de l'édifice. La cour s'encadre d'un portique qui a cinq ouvertures dans cette largeur, et trois sur les côtés droit et gauche ; entre ces ouvertures, la maçonnerie s'épaissit en un massif pilier monolithe, décoré d'une statue sur sa face antérieure. C'est le premier spécimen connu d'une de ces cours bordées de statues, qui se retrouvent dans les temples thébains : à Louxor, au Ramesséum, à Médinet-Habou, etc. D'après les substructures, on suppose que ces statues représentaient alternativement le Pharaon en costume du roi du Sud et du roi du Nord. Le portique du fond, à cinq ouvertures, donnait accès à cinq cellules parallèles, fort étroites, sauf celle du milieu qui est plus large. Or les temples de Sahourâ et de Neouserrâ, à Abousir, nous ont appris que dans ces cinq cellules étaient adorées cinq statues du Pharaon ; nous pouvons supposer que ce nombre rituel de cinq chapelles et cinq statues s'explique par les cinq noms officiels du protocole, sous lesquels le roi était adoré.

Le public n'avançait pas outre. Seuls les prêtres et le roi pénétraient dans un couloir menant par les côtés à une série de magasins, puis dans une dernière salle, semblable à un couloir occupant toute la largeur de la cour et de l'édifice : c'était le Saint des Saints, qui correspond à la chapelle intérieure des mastabas. En effet, la paroi du fond, celle qui est juxtaposée au mur d'enceinte de la pyramide, se creuse en son centre d'une niche rectangulaire ; ici se plaçait la stèle fausse-porte, qui donnait accès dans l'autre monde. Il est probable que sur le flanc même de la pyramide s'élevait une autre stèle[1] ou un naos, situés dans le même axe en face de la première stèle, et assurant ainsi une communication idéale avec l'intérieur de la pyramide.

Tout ce temple funéraire était construit comme le portique de la vallée en matériaux de choix : granit rose pour les murs et les piliers, albâtre pour le pavement, calcaire pour le remplissage du gros œuvre. Ici non plus, pas de décoration, sauf quelques lignes de textes, encadrant les portiques de la cour découverte, ou gravées sur les statues royales. C'est un art sobre, s'exprimant directement par la statuaire ;

---

1. A Meidoum, il y avait deux stèles dans une cour, entre la chapelle et la pyramide de Snefrou. (Maspero, *Histoire*, I, p. 361.)

ses personnages, soit isolés, soit en groupes, énoncent toutes les idées qui, à l'époque postérieure seront développées au moyen d'accessoires : textes ritualisques, bas-reliefs descriptifs.

Revenons au rôle du Portique dans cet ensemble. Pour le déterminer, rappelons-nous qu'il est situé juste entre le désert et la vallée. Si donc il forme un pavillon d'entrée vers le chemin couvert et le temple funéraire, il est aussi en contact avec le monde des vivants. Devant lui dans la vallée, s'étendait, comme à Abousir, une « ville de la pyramide ». C'était, sous l'Ancien Empire, l'endroit où le Pharaon résidait de son vivant, à proximité du temple funéraire et de la pyramide qu'il faisait bâtir ; cette capitale, éphémère puisqu'elle se déplaçait à chaque avènement, comprenait, outre le palais, les habitations de la famille royale, celles des parents, des amis, des clients, des architectes, de tous les employés dans le service des domaines funéraires du Pharaon et dans le service des constructions. Le Portique de la vallée était relié directement avec cette résidence royale : il était conçu, avec sa façade monumentale et ses hypostyles grandioses, pour servir aux solennités des réceptions ou réunions officielles, et les cérémonies qu'on y célébrait étaient sans doute d'un caractère plus royal que religieux. Les statues colossales du Pharaon qui veillaient dans l'hypostyle ne sont pas ces figures mobiles et portatives sur lesquelles on opérait les rites osiriens ; elles étaient là, non pour recevoir ce culte funéraire, mais pour éterniser la puissance et le nom du roi, et agréer l'adoration de ses sujets. Les accessoires du culte d'adoration étaient sans doute peu importants, car les magasins, composés de trois cellules doubles, sont de faibles dimensions. J'en conclus que le Portique participe du palais plutôt que du temple.

Quant au chemin couvert, il nous conduit de ce Portique au Temple par un éclairage endeuillé, dans une ombre crépusculaire. N'est-il pas à dessein mystérieux, comme le passage de la vie à la mort, et, s'il se resserre, n'est-ce pas pour qu'il laisse passer seulement un cortège choisi, parents et amis du Pharaon, l'élite, seule conviée à partager l'immortalité jusqu'ici réservée au roi, et à participer à la destinée auguste des dieux ?

Nous voici dans le Temple funéraire dont le

silence trompeur est peuplé de la vie sourde, intarissable, qui s'épanche des statues rituelles. Invisibles, murées au fond des serdabs, il y a les statues inviolables qui perpétuent, à l'abri du danger des profanations, le *nom* gravé, c'est-à-dire l'âme du Pharaon, son moi moral; mais il y a aussi, exposées dans les cinq chapelles, ou transportées au moment du culte dans le secret du sanctuaire, devant la stèle fausse-porte, d'autres statues portatives, sur lesquelles on exécutera les rites de résurrection. On a retrouvé des fragments de plus de cent statues différentes en albâtre, diorite, basalte ou schiste. Petites ou colossales, elles remplissaient le temple du pavé jusqu'au faîte.

Des rites spéciaux qu'on célébrait au Temple funéraire, peu de détails sont connus, puisque ici, non plus que dans les caveaux des grandes pyramides, les parois de granit ne portent ni figures, ni inscriptions. Toutefois, la présence des statues rituelles, leur importance exceptionnelle qui s'atteste par leur nombre et leur qualité, suffisent à nous renseigner. Ces statues sont là, d'abord pour commémorer le nom du roi défunt, prolonger sa personnalité, son âme individuelle; ensuite pour sauvegarder sa physionomie, ses traits physiques, car la momie, déposée au fond de la pyramide, si bien garantie qu'elle soit de la corruption, ne saurait les conserver dans leur intégrité avec leur ressemblance parfaite. Les merveilleuses têtes de Chephren et de Mycérinus sont des portraits exacts, quelque idéaliste et rituelle qu'ait été pour l'ensemble de la statue la manière du sculpteur. Il savait qu'en modelant avec précision les traits du roi, il leur permettrait de s'animer, de revivre sous les formules toutes puissantes de l'*ouap-ra*[1]. Le prêtre stimulerait par des rites magiques cette figure ressemblante, mais inerte ; il ouvrirait ces yeux éteints et ces oreilles closes ; il toucherait la langue rigide, pour éveiller la parole, et la bouche fermée, pour qu'elle pût manger ; il ferait remuer les bras et les jambes pour y rappeler le mouvement aboli ; il solliciterait l'âme de revenir dans ce corps léthargique, et, bientôt, par les rites infaillibles, cette statue prendrait vie. On lui promettrait une vie éternelle, et on l'enverrait rejoindre les dieux... Hélas ! la vitalité des dieux eux-mêmes était bien précaire ; il fallait la

---

1. « L'ouverture de la bouche », titre du rituel du culte funéraire.

renouveler par les rites et certes, nous comprenons que le Pharaon s'inquiétât de pourvoir pour l'avenir à son propre culte. Les statues multipliées dans le temple funéraire lui garantissaient ce regain perpétuel de vie et de durée.

Celles que M. Reisner a retrouvées dans la chapelle de Mycérinus[1] présentent un caractère qui semble confirmer ce que je viens d'avancer. Elles nous montrent le roi, non plus figé dans sa majesté de maître, s'imposant à l'admiration de la foule prosternée, mais dans une attitude plus humaine, plus familière, plus rapprochée de la réalité. Mycérinus se tient debout, côte à côte avec sa femme qui l'enlace tendrement de son bras; c'est la pose souriante et détendue d'un couple quelconque qui appartiendrait à sa cour. L'artiste, évidemment, a voulu représenter l'homme, et non le Pharaon divinisé; son œuvre porte le caractère intime qui se retrouve dans les dispositions de

1. Les fouilles de M. Reisner n'ont pas été encore l'objet d'une publication d'ensemble. On trouvera d'intéressantes considérations sur les statues royales trouvées là dans un article de Maspero : *Sur quelques portraits de Mycérinus*, reproduit dans ses *Essais sur l'art égyptien*, 1912.

l'édifice. En bas le Portique de la vallée est un palais royal, rempli de statues de grand style ; en haut de la rampe, c'est la chapelle privée de Chephren, ou de Mycérinus, destinée au culte famillial.

Pris ensemble, le Portique et l'édifice funéraire nous ramènent à la conception du mastaba primitif mais gigantesque, dont les divisions ordinaires, salle d'accès, corridor, chapelle, auraient été multipliées et distendues, sur plus de 700 mètres (pl. IV, 1). L'intérieur de ce mastaba continuait d'abriter les statues, tandis que la pyramide recélait la momie ; ici le corps gisait, préservé de la putréfaction, incorruptible, mais à jamais dépouillé de verdeur ; là au contraire frémissaient des images ressemblantes, qui se retrempaient éternellement au culte funéraire comme à une source magique, qui s'abreuvaient de jeunesse à la fraîcheur des rites ! Et si le cadavre momifié garde encore les traces de la maladie, les tares des organes, les infirmités physiques, en revanche, les statues sont faites à l'image de l'homme en sa fleur de santé, à l'apogée de sa force, de sa prospérité, avant la déchéance de l'âge ou de la carrière. Ainsi le culte pourra les conserver en beauté, et c'est pourquoi il les préfère au corps décrépit, ou désséché, d'ailleurs inaccessible en son caveau. Ces portraits, d'inaltérable matière, ne se prêtent-ils pas bien mieux à la fiction d'une vie toujours reverdissante ?...

Donc, dans ces temples, tout concerne la vie ou le maintien de la vie dans les statues royales. Par contre, rien n'y suggère l'usage d'un culte envers les dieux. Ceux-ci n'apparaissent, dans le sanctuaire, ou dans les rares inscriptions, que pour escorter le dieu du logis, qui est Pharaon ; leur personnalité est décorative ; nulles prières ni offrandes ne leur sont adressées ; au contraire, ce sont les dieux des Nomes qui viennent apporter leurs dons au roi. C'est là un état d'esprit avec lequel les textes contemporains nous ont familiarisés. Les dieux, à cette époque, sont certes, de hauts et puissants seigneurs que l'on traite avec déférence, à qui l'on paye, sans enthousiasme, le tribut qu'ils sauraient au besoin arracher ; mais ils n'ont presque ni dévots ni fidèles. Ce n'est pas la confiance, la religion qui préside aux rapports entre l'humanité et le ciel. Prie-t-on un être que l'on craint, qui est redoutable parce que plus fort? Par la magie, au contraire, on circonvient les dieux; on peut les flatter, les tromper, voire, leur faire peur et leur donner des ordres, s'en servir sans les servir.

Plus tard, entre la IVe et la Ve dynastie, la moralité est en progrès. Les textes (ils deviennent plus nombreux dans les tombeaux memphites, vers la fin de la Ve dynastie) commencent à parler de la providence céleste, de la justice distributive, du jugement qu'Osiris impose, après la mort, à tous les hommes. Le culte des dieux, gardiens de la morale et de la vertu, s'établit. Une école de théologiens, celle d'Héliopolis, rallie à ses doctrines la famille royale et la cour; une théologie officielle est en formation, et se développe en de longs textes religieux, qu'on grave dans les pyramides royales, à la fin de la Ve dynastie. Le dieu des morts, Osiris, et le dieu-soleil, Râ, d'Héliopolis, deviennent les patrons du roi, vivant sur terre, et du roi, vivant dans l'autre monde; un nouveau titre que prend le Pharaon, celui de « fils du Soleil [1] », exprime que le roi tient sur

---

1. Ce titre apparaît pour la première fois d'une façon sporadique sur les monuments datés de Chephren; il n'est d'usage régulier que depuis la fin de la Ve dynastie.

terre la place que son père charnel, Râ, créateur du monde et bienfaiteur de la nature, lui a faite et léguée. Le culte désormais consiste en des prières, des fondations territoriales pour les dieux et on construit, en particulier, des temples dédiés au Soleil.

** **

C'est sur le site d'Abou-Gouràb près d'Abousir que M. Borchardt a déblayé un sanctuaire de la Ve dynastie, dédié au soleil. Jusqu'ici, nous ne connaissions l'existence de sanctuaires du Soleil que par des inscriptions de l'Ancien Empire; leurs noms s'accompagnaient d'un déterminatif singulier un : tronc de pyramide, surmonté d'un obélisque ⎜ au-dessus duquel se place, adhérent ou non, le disque solaire ⊙. Cet hiéroglyphe était-il le plan schématisé, mais exact d'un édifice consacré à Râ, soleil d'Héliopolis? Les fouilles de M. Borchardt l'ont prouvé.

Elles nous ont restitué le plan général d'un édifice qui se rapproche du temple funéraire que nous venons de décrire et qui comprend : un Portique, un chemin couvert, un temple proprement dit : mais ici, le Saint des Saints n'est pas une salle dans un temple, c'est l'obélisque lui-même dressé sur son socle, la pyramide tronquée (fig. 4 et pl. IV).

Le portique[1] présente cette particularité d'être en plein dans la « ville de la pyramide » que le roi Neouserrâ édifiait vers 2550 av. J.-C.; on retrouve ses fondations à 50 mètres à l'intérieur du mur d'enceinte de la résidence royale. C'est un édifice carré, de maçonnerie pleine, qui avait peut-être une façade en forme de double pylône. Au centre de cette façade s'ouvre une salle soutenu par quatre colonnes en granit rose, fasciculées (elles étaient massives dans le temple de Chephren). Des corridors coudés font déboucher cette salle, et deux petites salles latérales, dans une antichambre qui amorce le chemin couvert.

Celui-ci, forte chaussée de blocs calcaires, escalade en pente raide, sur une longueur de 100 mètres, le plateau haut de 16 mètres qui surplombe la vallée; son tracé oblique aboutit devant la façade Est d'une enceinte rectangulaire de 110 mètres de long sur 80 de large,

---

1. Les fouilles ont été faites depuis 1898 aux frais de M. F. von Bissing, et publiées depuis 1905. Le premier volume est celui analysé ici : *Das Re-heiligtum des Königs Ne-woser-re*; Band I, *der Bau*, par L. Borchardt.

précédée par une porte monumentale en granit rose, ornée de reliefs colossaux. Traversons en imagination le vestibule, et nous arrivons dans une grande cour où s'érige, au fond de la partie occidentale, la pyramide surmontée de l'obélisque. Deux corridors voûtés filent à notre droite et à notre gauche; suivons ce dernier. Il se coude à l'angle sud-est, suivant le pourtour du temple, et quoique l'éclairage y soit aussi parcimonieux qu'au temple de Chephren, de fins reliefs couvrent ici les murs de calcaire blanc. Une porte de granit s'ouvre bientôt à droite, et un chemin, encore plus étroit et obscur monte avec une pente accentuée, au travers d'un gros de maçonnerie, dans l'intérieur même de la pyramide. Enfin ce boyau montant, tortueux, ténébreux, étouffant, débouche à l'air libre, dans la lumière éblouissante. Nous sommes sur la plate-forme du socle taillé en pyramide tronquée, et au pied de l'obélisque, c'est-à-dire, à une hauteur de 20 mètres au-dessus de la cour du temple. La pointe de l'obélisque s'élevait à 36 mètres du socle, c'est-à-dire à 56 mètres au-dessus de la cour et 72 mètres au-dessus de la vallée. Les murs de la pyramide sont en calcaire, mais ceints à la base d'un parement

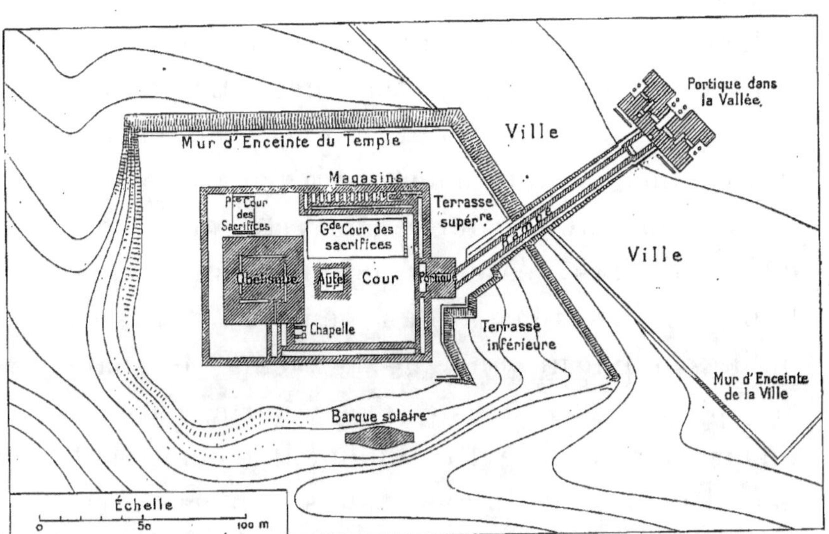

FIG. 4. — Le Temple de Râ du roi Neouserrâ.
(D'après L. Borchardt et H. Schaefer.)

de granit. L'obélisque n'était pas monolithe, mais bâti en grands blocs calcaires, jaunes pour le noyau, blancs pour le revêtement. Peut-être était-il décoré, sur chaque face, d'une inscription verticale, au milieu de la paroi, et un pyramidion de métal le coiffait-il de sa pointe étincelante (pl. V et VI).

L'architecte de ce temple n'avait-il pas merveilleusement combiné ses effets? Le visiteur venant de la vallée devait, comme nous l'avons fait en imagination, cheminer à partir du Portique sous une galerie couverte, puis sous des corridors resserrés, crépusculaires, dont l'obscurité devenait plus pénible à mesure qu'il s'enfonçait en zig-zag dans le flanc abrupt de ce cube de maçonnerie, pareil à un mastaba lugubre. Brusquement, il émergeait, dans l'aveuglante lumière, sous la pierre levée comme une flamme — et d'un coup d'œil, il embrassait l'aire vibrante du temple, la rampe, le portique, la résidence royale, et, au delà, les palmiers assombris, les champs verdoyants ou dorés, le Nil bleuissant et, à l'horizon, la terrasse abrupte du Mokattam aux ombres violettes. Tant de lumière et d'air pur, après cette montée angoissante ! Le cœur dilaté, il tombait à genoux, éperdu de gratitude, devant le dieu, qu'il venait adorer, — l'obélisque tout blanc, qui jaillissait dans l'azur, tel un rayon pétrifié du père et du bienfaiteur des hommes.

Car l'Obélisque était ici l'idole et le sanctuaire à la fois. Il semble bien que sa partie essentielle fût le pyramidion terminal, dont les faces, en forme de triangle isocèle $\bigwedge$, symbolisaient peut-être le triangle lumineux des rayons tombant du soleil sur la terre. C'est sous ce signe qu'on désignait aussi les rayons solaires, soit sous forme de perles triangulaires, soit sous l'aspect d'un triangle isocèle, soit comme au temps d'Aménophis IV sous forme de rayons prolongés par des mains [1]. Les petites pyramides votives qu'on rencontre dans les tombeaux ont toujours près de la pointe l'image du soleil sur l'horizon, généralement encadrée de deux personnages orants; le grand pyramidion de Daschour s'effile aussi sous un

1. H. Brugsch a démontré que les Égyptiens représentaient par un triangle isocèle $\triangle$ la lumière zodiacale divinisée : « c'est un phénomène qui se manifeste en Égypte avant le lever du soleil ou après le coucher, par un rayon lumineux en forme de pyramide, dont la base reposerait sur terre et dont la pointe se dirige vers le zénith » (*Proceedings of Society of biblical archaeology*, t. XV, p. 231 sq.).

disque solaire ailé; et c'est par un pyramidion d'or ou de métal doré que se terminaient les obélisques, comme en témoignent les textes, ou l'état inachevé de leur faîte[1]. Pline l'Ancien se fait l'écho de cette tradition égyptienne sur le caractère solaire de l'obélisque, en nous disant expressément : « L'obélisque, consacré au Soleil, était fait à l'image de ses rayons[2]. »

Celui de notre temple solaire recevait le culte, au même titre que la statue de Chephren dans le temple funéraire de ce Pharaon. A droite des constructions, on a retrouvé en effet des magasins pour les offrandes[3]; le pavé de la cour y est curieusement creusé de

1. Par exemple, l'obélisque de Louxor, aujourd'hui à Paris, ne présente pas une tête parfaitement équarrie, On sait que les obélisques élevés à Karnak par la reine Hatshopsîtou, étaient revêtus d'or à la pointe (Lepsius, *Denkm*, III, pl.).

3. *Hist. Nat.*, XXXVI, 14, 1.... : *Obeliscos vocantes, Solis numinis sacratos. Radiorum ejus argumentum in effigie est et ita significatur nomine Aegyptio.* Sur ces derniers mots, nous n'avons pas de confirmation à donner. La consécration au dieu solaire Râ des obélisques est prouvée ainsi par ce fait : lors des rites osiriens on symbolisait la renaissance du dieu en érigeant un obélisque; cela s'appelait « faire lever Râ » (*Aeg. Zeitschrift*, 1901, p. 72).

3. M. de Bissing a cité une inscription de Thoutmès III qui offre des pains et de la bière à des obélisques (*Recueil de Travaux*, XXIV, p. 167; XXV, p. 184).

longues rigoles et de vasques alignées : dans les premières s'écoulait le sang des victimes égorgées ; dans les secondes, leurs débris étaient recueillis ; on les évacuait ensuite au

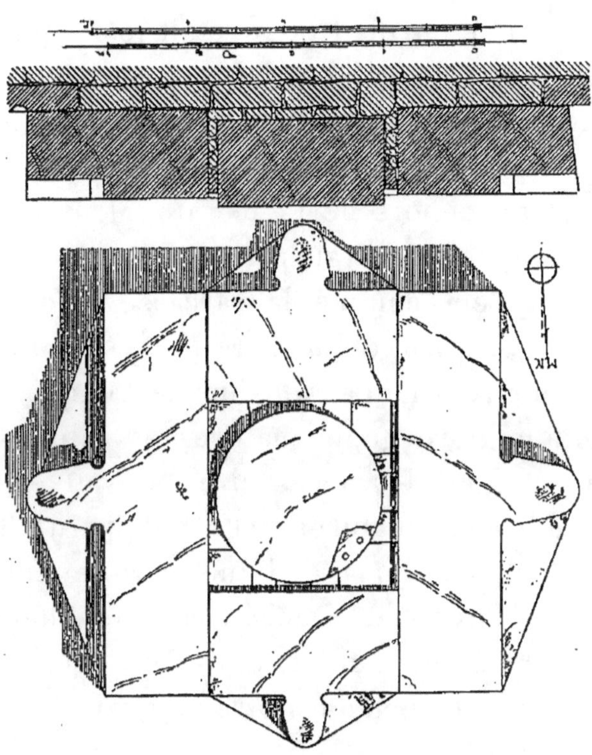

Fig. 5. — L'autel-table d'offrandes en albâtre.
(D'après L. Borchardt.)

dehors. Dans la partie centrale de la cour, un autel, en forme de quadruple table d'offrandes, était orienté aux quatre coins de l'horizon (fig. 5). A gauche, il y avait une chapelle exiguë, précédée de deux stèles et de deux bassins; c'est là que le roi se purifiait et revêtait les vêtements rituels avant de célébrer le culte.

Une autre particularité du culte solaire se remarque au temple de Neouserrâ. Un peu au fond et en dehors de l'enceinte, M. Borchardt a déblayé, non sans surprise, une construction qui se révéla comme la carcasse inférieure, toute en briques, d'une barque géante, longue de 30 mètres; la partie supérieure qui comprenait le bordage, la mâture, les cabines, les rames et tous les accessoires devait être en bois et avait naturellement disparu. Telle quelle, c'était l'image d'une barque solaire, celle où l'astre est censé naviguer dans la coupole bleue du ciel (pl. V, 2). Des inscriptions officielles de l'Ancien Empire nous avaient bien appris que les rois, et en particulier, Neouserrâ, construisaient des barques de cette sorte; mais jamais encore on n'avait retrouvé l'édifice nautique...[1]

1. Ces détails ont d'autant plus d'intérêt qu'il est permis de

*
* *

Comparé avec le temple funéraire de Chephren à Gizeh, le temple du Soleil, à Abousir, n'offre, comme il est logique, que des ressemblances extérieures. Tous deux ont pour point de départ la cité royale et ont à résoudre le même problème : l'accès sur le plateau désertique. Ils ont donc en commun le Portique de la vallée et le chemin couvert ascendant, mais, le Temple proprement dit diffère par sa destination ; l'un sert de sanctuaire à des statues royales qu'on y entretient dans une vie magique ; l'autre, formé seulement de l'obélisque et du socle, expose la forme concrète du dieu. Le principe de la décoration n'est pas moins dissemblable : le temple de Chephren ne contient guère que des statues, le temple solaire, des bas-reliefs. Ceux-ci, dont fort peu malheureusement sont conservés, nous fournissent les plus anciens spécimens de tableaux qui deviendront des poncifs de décoration dans les temples thébains : fondation du temple par le

supposer que le sanctuaire d'Abou-Gourab était bâti sur le type du grand temple de Râ à Héliopolis, dont nous pouvons donc imaginer avec vraisemblance la silhouette, grâce aux fouilles de MM. Borchardt et Schaefer.

roi, assisté des dieux, qui tend le cordeau d'ar-
pentage pour orienter l'édifice selon l'étoile
polaire; défilé des produits des Nomes de
l'Égypte, apportés en offrande à la divinité;
purifications subies par le roi avant de célébrer
le culte comme grand-prêtre; scènes du couron-
nement et de la renaissance rituelle du roi,
après la célébration de la fête Sed, toutes ces
scènes seront reproduites sur les temples postérieurs à des centaines d'exemplaires, et ce
n'est pas le moindre enseignement du temple
d'Abousir que de nous montrer dès la Ve dynastie l'existence de ces décorations rituelles
qui resteront en usage jusqu'au temps des
Césars. En outre, le temple funéraire contient
en germe le dispositif qu'observeront les architectes thébains dans ces somptueux édifices que nous a légués la XVIIIe dynastie :
porte monumentale, cour à découvert, salle hypostyle, naos du dieu. Certes, les architectes
memphites n'ont pu développer leur plan avec
l'unité et la clarté de leurs futurs disciples.
La nature du terrain, l'obligation de relier la
pyramide et son temple funéraire avec la cité
des vivants, au moyen d'une galerie couverte en
rampe, leur créait une difficulté considérable :

ils s'en sont tirés à leur honneur, et la justesse des proportions, le concours des parties, l'harmonie de l'ensemble, ne sont pas moins admirables que la perfection achevée du détail.

Quels monuments, en Egypte, ou ailleurs, ont pu produire, par l'architecture seule, ou la sculpture essentielle, l'effet obtenu par la salle hypostyle du portique de Chephren ou le temple solaire? Quelle puissance de rêve et d'exécution dans ces artistes! A peine sommes-nous capables d'imaginer ces vingt-trois statues de Chephren assises, qui éternisaient dans la pénombre leur volonté de vivre, et, défiant la torpeur de l'immobile pose, épiant le flux et le reflux des jours, se vêtaient de lueurs changeantes et s'animaient aux pulsations du temps... ou bien cet obélisque colossal de Neouserrâ, tout vibrant de lumière, comme un trait décoché par l'archer glorieux...

Les fouilles allemandes qui viennent de nous restituer ces monuments, ont accru de chefs-d'œuvre le patrimoine déjà merveilleux de l'art égyptien.

TABLE DES MATIÈRES
DU TOME XXXIX

Chalon-sur-Saône, Imp. française et orientale E. Bertrand   772

www.ingramcontent.com/pod-product-compliance
Lightning Source LLC
LaVergne TN
LVHW020607060726
842526LV00003B/635